JN145904

長崎在日朝鮮人の人権を守る会

社会評論社

［増補改訂版］

端島に強制連行された朝鮮人·中国人の記録

軍艦島に 耳を澄ませば

船上から軍艦島西部と北部を望む（2005年4月16日）

船上から軍艦島北部を望む（2005年4月16日）

軍艦島模型の前で語る崔璋燮さん（軍艦島資料館、2011年2月11日）

端島島内の廃屋の風景（上・2005年5月8日、下・2010年8月17日）

端島神社境内から見る島内および海上の風景（2010年8月17日）

軍艦島島内で記憶をたどりながら証言する崔璋燮さん（2011年2月10日）

端島神社の神殿跡（2005年5月8日）

端島炭坑の石炭運搬レールの脚柱と校舎と職員宿舎（左上、2005年5月8日）

端島の小中学校校舎跡の地下基盤崩壊の様子（2005年5月8日）

通路と隣りのアパートとの連結路（2005年5月25日）

端島の高層アパートの通路（2005年7月1日）

高島の千人塚を訪れた学生たち（2005年7月2日）

上・高層アパート群の屋上風景、下・居住区から神社へ通じる階段（2005年5月8日）

端島島内の廃屋と撮影する全恩玉さん（2010年8月17日）

端島の高層宿舎内部の通路と入口（2005年5月8日）

端島の防波堤から高島のアパート群を望む（2005年5月8日）

刊行にあたって

「軍艦島」の異名を持つ端島《はしま》が上陸解禁となったのは二〇〇九年四月二二日である。解禁といっても島内を自由に移動できるわけではなく、ごく一部の上陸・見学コースを案内人の先導に従って巡るのにすぎないが、以来、年間およそ六万人の観光客が訪れたという。端島炭鉱の閉山（一九七四年一月）によってあえなく無人島となり、日本初を誇る鉄筋高層のアパート群も三〇有余年の風雪にさらされて廃墟と化し、その異様ともいうべき光景が人々を惹きつけるのであろう。その「魅力」は石炭産業華やかなりし頃へのノスタルジーであるとともに、戦後の高度経済成長期へのノスタルジーでもあるといえよう。「廃墟ブーム」とも評される所以である。また、「軍艦島」が「九州・山口の近代化産業遺産群」の一つとして世界遺産暫定リストに記載（二〇〇九年一月）されたのも、そうした郷愁を抱く人々を呼び寄せる契機となったと思われる。

無人島として、また危険を理由に上陸を禁止されて、いわば見捨てられていた端島が脚光をあびるのは、軍艦にも似たもの寂しい残影自体に一見の価値があるからとはいえ、回顧現象としても注目に値することである。しかし、この島を単にノスタルジーや開発と消費一辺倒への警告としてのみ観るのは、あまりにも一面的で、島の歴史のもう一つの一面を相変わらず見捨てたままであることに気づ

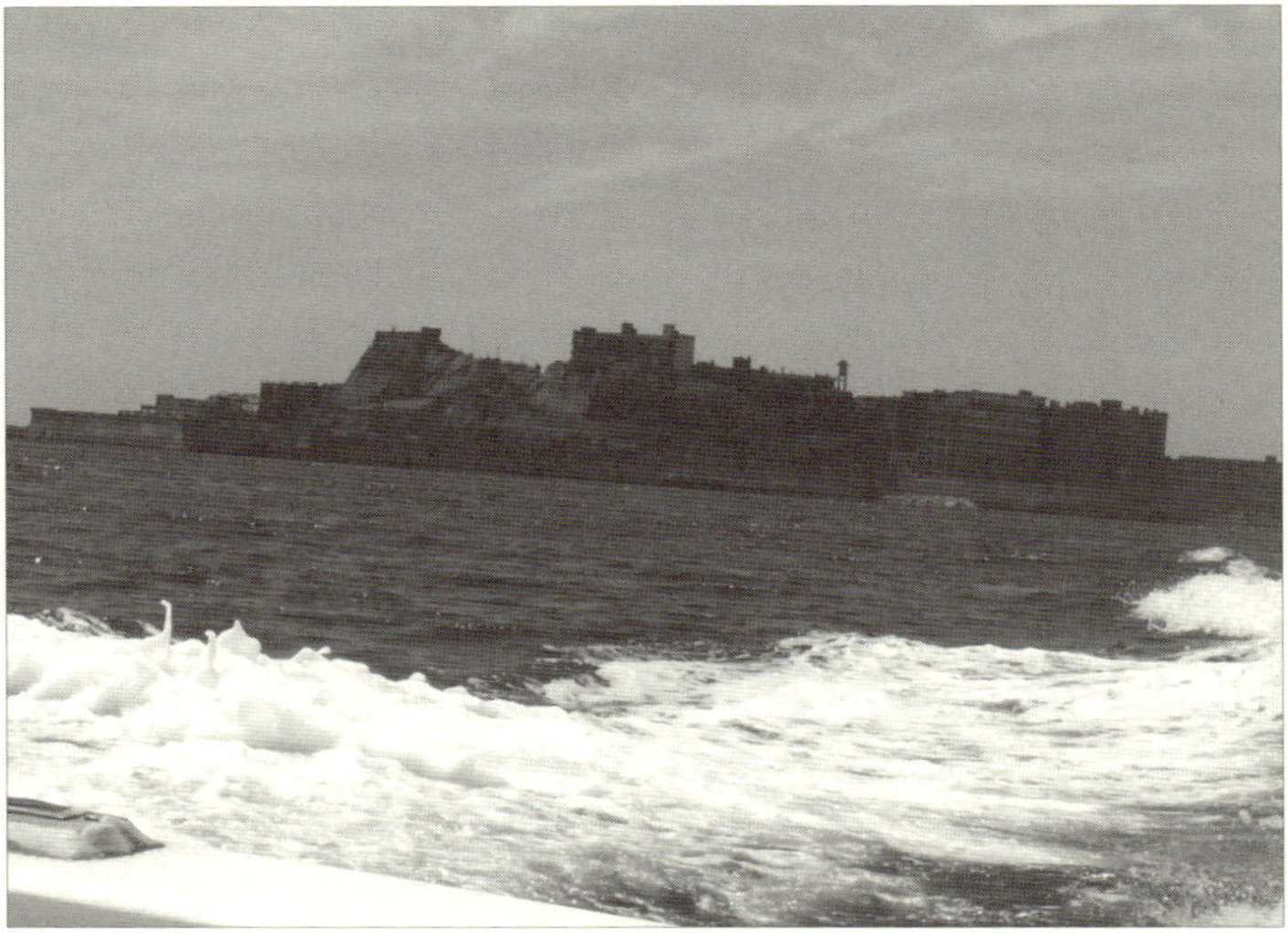

船上から見た軍艦島の全景（2005 年 5 月 25 日）

いてほしいものである。

　長崎在日朝鮮人の人権を守る会は、一九八一年、岡正治代表を先頭に朝鮮人被爆者の実態調査を開始し、翌年『原爆と朝鮮人』第一集を刊行した。『朝鮮人被爆者——ナガサキからの証言』（社会評論社、一九八九年）はこの第一集を基にしたものである。一年間にわたる実態調査は、朝鮮人被爆者が原爆の犠牲者であるのみならず、当然ながら日本の朝鮮侵略の犠牲者であることを鮮明にした。したがって、その後の調査は必然的に強制連行・強制労働の実態調査へと向かい、端島を含む島々、さらには長崎県および佐賀県の全域へと調査範囲を広げ、その結果を『原爆と朝鮮人』第二〜六集に収録した。

　端島は私たちの広範な実態調査のなかでも極めて重要な位置を占め、全体を象徴するといっても過言ではない。とりわけ、一四歳で端島に強制連行され、配置転換によって三菱長崎造船所で原爆に遭った徐正雨氏の証言は、強制労働と被爆を連続的に語って余すところがない（『原爆と朝鮮人』第二集、六九〜七七頁参照）。朝鮮人被爆者の初のドキュメンタリー映画である『世界の人へ』（盛善吉監督、一九八一年）に登場して、端島の防波堤の上に立ち、韓国の方角に向かって絶叫された氏の姿も忘れることができない。岡正治先生の思想と実践の成果として、一九二五年から一九四五年までの二〇年間にわたる端島の死没者を記録した「火葬埋葬認許証」も発掘され、朝鮮人、中国人の死亡率が日本人よりも高いことが証明された。死因も痛ましいものが多く、無念の呻き声が聞えるようであった。三菱高島礦業所端島坑が外務省に提出した「華人労務者調査報告書」（一九四六年三月）も発掘され、強制連行された二〇四名の氏名が判明し、記載事項の全部を『さびついた歯車を回そう』（一九九四年）に収めて公表するとともに、同書において詳細な分析と検討を加えた。また、この「報告書」は長崎の中国人強制連行裁判（二〇〇三〜二〇〇九年）の貴重な証拠資料ともなり、原告たちの指摘と証言によって様々な角度から真偽の検証が加えられた。私たちの調査研究の過程で、これほど多くの証言や第一次資料が得られた箇所は端島の他にはない。

端島は繁栄の末に廃墟と化した無人島として、また強制連行・強制労働の歴史が凝縮した炭鉱の島として、早くから内外の研究者やジャーナリストの関心を呼んできたが、上陸解禁とともにいっそう関心を引き、それに呼応して広範な人々も関心を寄せるに至ったことは事実である。「端島・軍艦島の歴史を考える」市民集会が開かれたり、小説『軍艦島』（韓水山作）の翻訳出版（二〇〇九年）に因んで特集的な報道がなされたりしたのも最近のことである。韓国放送KBSが私たちに対する取材と端島現地取材を行なって『歴史スペシャル――地獄の地・軍艦島』を放映（二〇一〇年八月七日）し

取材する韓国 KBS の一行（2005 年 5 月 25 日）

たのも、こうした流れに沿うものであった。このＫＢＳの特別番組は、韓国で探し当てた生存者二名の迫真の証言を含むもので、端島の負の歴史に焦点を当てた出版を計画していた私たちに強い衝撃を与えた。そこで、ＫＢＳの協力を得てその二名の生存者から直接証言を聞くことを決意し、幸いそれを実現するとともに、韓国国務総理の所属機関である「対日抗争期強制動員被害調査及び国外強制動員犠牲者等支援委員会」を訪ねて、さらに一名の生存者の証言も得ることができた。そして、この三名のうち、崔　璋燮《チェ・チャンソプ》氏には端島再訪と市民への証言をお願いし、快諾を得てそれをも実現することができた。

　本書は『原爆と朝鮮人』をはじめ、私たちがこれまで刊行してきた書籍を基に、端島に関する部分を抽出して一冊に収めたものであるが、採用箇所を詳細に再点検して収録したことはもとより、新事実を含む上記の証言を大きな収穫として加えている。

端島の歴史から強制連行・強制労働の史実を消し去ることはできない。私たちは「軍艦島」の〈世界遺産〉化に反対するものではないが、戦時中の暴虐の歴史を隠蔽してその実現を図ろうとする風潮を容認することはできない。〈近代化産業遺産〉というとき、日本の近代化が侵略と表裏一体であったことを忘れてはならない。端島はその近代日本の縮図といって過言ではない島である。また、〈世界遺産〉とは、アウシュビッツがそうであるように、歴史の暗部をも教訓として普遍的な価値とするものであり、正しい歴史認識を踏まえないかぎり、〈世界遺産〉への登録はありえないことである。一面的な捉え方では、人類共通の遺産たりえないからである。韓国での生存者たちが、「自分たちの歴史の抹殺を許さない」と、独善的な主張を厳しく批判したことはいうまでもない。いま私たちに求められているのは、この批判を重く受けとめるとともに、歴史の明暗を踏まえて〈世界遺産〉に登録することによって、韓日の歴史克服と友好の道標とすべきだという韓国内の提言に耳を傾けることであろう。

「軍艦島」に上陸しても、案内人が強制連行・強制労働の歴史に一切触れないことを奇異に感じるとの新聞投書も珍しくない。そうした良識ある人々の手に、本書が届くことを願ってやまない。

長崎在日朝鮮人の人権を守る会

軍艦島に耳を澄ませば

端島に強制連行された朝鮮人・中国人の記録

目次

第一章　端島の歴史と朝鮮人

第一節　端島の歴史と朝鮮人

端島の歴史

高島の西南、荒れ狂う怒濤を越えて、すぐ目と鼻の間に、全島ビルディングより成る、異様な「軍艦島」こと端島が横たわる。

端島は、面積〇・一平方キロメートル、周囲一・二キロメートル、東西〇・一六キロメートル、南北〇・四八キロメートルの小島で、最高四〇メートル程度の海抜高度を持つ古第三紀層の岩礁地に、高さ一〇メートル余の強固な防波堤によって囲まれている。往昔の戦艦「土佐」に似ているというので、「軍艦島」と呼ばれている。行政的には高島町に属するが（*町村合併により、二〇〇五年一月以降、長崎市に所属）、その高島へ海上約五キロメートル、東の野母崎町高浜には海上約四キロメートルの距離にある。

端島炭坑の沿革を見ると、発見年代は不明であるが、一八八三（明治16）年、深堀領主鍋島氏が第一竪坑（すでに廃坑）開さく創業に着手した。

端島における石炭の発見は、高島炭坑よりも約九〇年遅く、一八一〇年ごろであったという。一八七〇年ごろから露出炭を対象に採掘が開始された。一八八三（明治16）年に佐賀藩深堀領主鍋島孫六郎がそれを所有して、近代的採掘事業に着手した。隣島の高島では一八六八（慶応4）年に佐賀藩主鍋島閑叟、英人T・B・グラバーと共同事業として、わが国最初の洋式採炭事業が始められていたが、端島の開発はその延長上に位置づけられたものといえる。

三菱社（岩崎弥太郎）は一八八一（明治14）年に高島炭坑をその所有としたが、一八九〇（明治23）年九月一一日に、この端島を金一〇万円で買収した。一八九五（明治28）年、三菱は深層部開発に着手し、当時としては驚異的な、深さ一九九メートルの第二竪坑の開さくに成功した。一八九八（明治31）年には第三竪坑が完成する（これは一九四九年の時点ですでに廃坑となっている）。

一九二五（大正14）年には、第四竪坑が完成する（三五四メートル）。そして一九三六（昭和11）年、第二竪坑改修掘下げ工事が完成する（六一六メートル）。

島の東・南の埋立地は、第二、第三竪坑を中心に主として企業の事業用地で、北部は住宅、福利厚

端島全景（航空写真）

生施設地区となっていった。このように、島は明治年間以来、無人島に過ぎなかった当時の約二・八倍となっている。

やがて、大正、昭和と日本の近代化につれて、増大する石炭需要に応じるため、端島炭坑は、近代的採炭機械を導入して、増産につとめたのである。炭質は、強粘結炭で、良質の原料炭であった。

島内に居住する労働者数は、採炭事業の拡大とともに増加の一途をたどるのである。すなわち、島内居住人口は、明治年間に早くも二、七〇〇～二、八〇〇人に達しており、その後最盛期の一九四五（昭和20）年には五、三〇〇人になっている（閉山直前の一九七三（昭和48）年一二月でも人口は二、二〇〇人もあった）。やがて一九四五（昭和20）年敗戦を迎える。

一九五三（昭和28）年九月には町村合併促進法が制定され、長崎県の県町村合併促進審議会は、積極的な活動を続けた結果、高島町は当時の高浜村（現在の野母崎町）（＊野母崎町も二〇〇五年一月、長崎市と合併）の区域に属する端島との合併を推し進めた。高島、端島ともに三菱鉱業所の操業上便利であるとして、合併が望まれたが、高浜村は、石炭の宝庫でありドル箱である端島を箇単に手放すことに猛烈に反対をした。この対立をめぐり、実に一〇〇回以上の合併協議会が開かれ、最終的には、遂に端島を高島町に渡す形で落着、一九五五（昭和30）年四月一日に高浜村端島は、高島町端島となり、合計面積一・二四平方キロメートル、当時の人口一万六、九〇四人の人口密度日本一の町、高島町が誕生した。

しかし、一九五五（昭和30）年をピークに、石炭業界は慢性的な不況に陥った。従来の大口需要である電力会社が燃料を石炭から石油に切り替えた、いわゆるエネルギー革命である。この石炭産業不況の波は、一九七四（昭和49）年一月一五日の端島礦の閉山という形でおしよせてきた。この端島礦の閉山、従業員住宅の無人化は、高島町民に悲痛な思いを残した。やがて、端島礦の従業員は四散し、現在端島は全くの無人島となっている。便船は長崎市の大波止桟橋から、長い間馴染まれていた夕顔丸が一日三往復していた時代もあったが――それもちょっとしけると欠航する始末――それが端島行きの、長い歴史であった。しかし、一九七四（昭和49）年の廃坑以来、高浜の野々串港から出る、釣り客のための瀬渡し船だけが、唯一の交通手段となってしまった。

端島の名物は、何といっても全島に林立する七階、九階、一〇階のビルディングであろう。

かつて松竹映画「緑なき島」で紹介されて一躍有名になったこの島は、文字通り緑のない軍艦島である。「端島の名物、数々でござる」という歌の一節に「端島名物数々ござる、九階社宅にあの黒ダイヤ、三にサラリと潮の滝」というのがあるが、ひとたび海が荒れると怒涛が岸壁に砕け、一瞬にして島が見えなくなるほどであるという。サラリとどころではない。バケツで水をかぶせたように九階のビルに海水がザンブリとたたきつけるというのは、決して誇張ではないということを、現地に

端島島内の小中学校跡屋（2005 年 5 月 8 日）

赴いたすべての者が痛感するところである。労働者の住居は、当初は木造の三～四階建ての納屋であったのが、鉄筋コンクリート建ての中高層住宅へと移行し、七階建て、九階建てなどが、続々と増築、新築されていった。それらの住宅の下階部分は、ほとんど日照はなく、湿気も甚大で、居住性は最悪であり、上階部分や、島の中央高地部分は眺望も、日照も良好で、居住性はすぐれている。

従って高い部分に職員層、低い部分に礦員層、最下階には下請け労働者層、朝鮮人・中国人労働者たちを居住させていた（＊中国人は鉄条網で囲まれた木造二階建ての収容寮に監禁されていたことが後に判明）。

この端島における朝鮮人・中国人労働者たちの生活は、監獄生活と同様であり、「地獄島」とよばれていたことは、朝鮮人労働者および関係者たちの証言によって明らかである。

端島のきびしい強制連行、強制労働の証言は少なかったが、奴隷労働を体験した証人が今も各地に多く残り、過去に受けた虐待や悲しみ、うらみ、苦しさを胸に秘めて、きびしい日々を生きておられるに違いない。私たちと端島を訪れた徐正雨氏の証言は胸をうち、今は変わり果てた「現場」(廃墟)は、無言のうちに日本のアジア侵略の歴史を告白していた。

徐正雨氏〈一四歳で〝地獄の島〟に連行され、そのうえ長崎で原爆に〉

徐正雨《ソ・ジョンウ》　五四歳　男(*二〇〇一年八月二一日、逝去された)
一九二八(昭和3)年一〇月二一日生
長崎市緑が丘町二二〇番地
証言日　一九八三年七月三日および同七月九日(端島にて)

私は慶尚南道宜寧郡宜寧面の小農の家に長男として生まれましたが、昭和七、八年頃、父母が私を残して名古屋へ渡日したため、祖父に養育されました。祖父は学のある人で、家庭教師のように私に勉強を教えてくれました。財産はあったのですが、伯父、つまり父の兄が浪費して食いつぶし、祖父は私が七、八歳のとき、失意のうちに世を去りました。しかし私のことは自分の弟に面倒を託していましたので、祖父の死後、私はそこに預けられ、下働きの毎日を送りました。山に薪を取りに行ったり、朝、牛をつれて家を出ますと、昼ごはんは食べずに夕方帰ってくるような毎日でした。牛の草とりも、十歳にもならない私にはつらい仕事でした。米は供出、供出で、日朝結託の警察の目は厳重で、おいしいことで有名なあの朝鮮米はみな供出させられて、自分たちは麦やソバ粉ばかり食べていました。飛行機の油にするとかで、松脂も取らされました。ノルマがあるので、松の木を掘って懸命に取りました。

おじさん（祖父の弟）は体が弱く、仕事が十分にできないので、私の成長につれて、私を頼りにしてくれました。私が一七歳になったら結婚させると言っていました。ところが忘れもしません、一四歳のときです。面（村）役場から徴用の赤紙がきて、私は日本に連行されてきたのです。徴用といっても、突然の強制であり、手当たり次第の強制連行と同じです。お分かりでしょう、一四歳といえば、今の中学二年生ですよ。おじさんは、仕事手がなくなるので強く反対しましたが、相手は問答無用でした。私の村からは二名でしたが、強制的にトラックに乗せられ、市役所に着くと、一四、五歳から二〇歳ぐらいの青年が何千人も集められていました。旅館に一泊し、翌朝、トラックを何台も何台も連ねて、長崎から諫早くらいの距離を行き、そこからは汽車で釜山へ運ばれ、連絡船で下関に着きました。そして夜行列車で長崎へは朝着きましたが、ここに連れて来られたのは三〇〇人ほどで、その全員が大波止から終着地の端島へと送られたのです。

私は名古屋に父母だけでなく、佐世保にも親戚がありましたので、日本のどこかに行かされても、機会をみて逃亡するつもりでした。けれども端島に着くや、すっかり希望を失いました。

ごらんのとおり、島は高いコンクリートの絶壁に囲まれています。見えるものは海、海ばかりです。

こんな小さな島に、九階建ての高層ビルがひしめいています。驚きました。ここは坑口とは反対側の島の端っこですが、これらの高層アパートは当時からありました。私たち朝鮮人は、この角の、隅の二階建てと四階建ての建物に入れられました。一人一畳にも満たない狭い部屋に七、八人いっしょでした。外見はモルタルや鉄筋ですが、中はボロボロでした。私が入れられたのは、ここです。この室番B一〇二とあるこの部屋です。今、見ると戦後、炭坑の診療所の病室になったんでしょうねぇ。それも今は廃墟で……。私たちは糠米袋のような服を与えられて、到着の翌日から働かされました。日本刀をさげた者や、さげない者があれこれ命令しました。

この海の下が炭坑です。エレベーターで竪坑を地中深く降り、下は石炭がどんどん運ばれて広いのですが、掘さく場となると、うつぶせで掘るしかない狭さで、暑くて、苦しくて、疲労のあまり眠くなり、ガスもたまりますし、それに一方では落盤の危険もあるしで、このままでは生きて帰れないと思いました。落盤で月に四、五人は死んでいたでしょう。今のような、安全を考えた炭坑では全然ないですよ。死人は端島のそばの中ノ島で焼かれました。今も、そのときのカマがあるはずです。こんな重労働に、食事は豆カス八〇%、玄米二〇%のめしと、鰯を丸だきにして潰したものがおかずで、私は毎日のように下痢して、激しく衰弱しました。それでも仕事を休もうものなら、監督が来て、ほら、そこの診療所が当時は管理事務所でしたから、そこへ連れて行って、リンチを受けました。どんなにきつくても「はい、働きに行きます」と言うまで殴られました。「勝手はデキン」と何度聞かされたことでしょう。端島の道はこの一本道だけです。この一本道を毎日通いながら、堤防の上から遠く朝鮮の方を見て、何度海に飛び込んで死のうと思ったか知れません。どうですか、この白く砕ける

端島炭坑石炭運搬レールの脚柱の残骸（2005 年 5 月 25 日）

波、あのころと少しも違いません。仲間のうち自殺した者や、高浜へ泳いで逃げようとして溺れ死んだ者など、四、五〇人はいます。私は泳げません。しかし、何か運があったんでしょうね。五カ月後に、私は長崎市にある三菱の幸町寮に移動を命じられ、島を脱出することになりました。あのまま残っていたら、本当に生きてはいないと思います。島にいた同胞の数は、私たちより先に二〇〇人ばかりいましたから、合計で五、六〇〇人だったでしょう。上下各五室の二階屋一棟と、各階五、六室の四階建て四棟に詰め込まれていました。あの同胞たちのことを思うと、いつまでも胸がしめつけられる思いがします。軍艦島なんていっていますが、私に言わせれば、絶対に逃げられない監獄島です。

陸の長崎に来た私は、今度こそ逃げられると思い、嬉しくてたまりませんでした。仕事はカシメを打つ重労働でしたが、食事は端島とは段違いで、白米に馬肉、鯨肉も出ました。しかし、朝七時半ごろ、一列に並ばせられて幸町寮から造船所に向かう途中は、前後左右に憲兵がつき、列をはみ出す者は容赦なく蹴りますし、塀に囲まれた寮内は監視がぐるぐる回り、とても逃げられる状態ではありませんでした。その点を除けば、隣りのレンガ造りの寮には外国人捕虜がいて、言葉が通じないので話はしませんが、何となく気持の通じるものがあり、また仲間も大体同じ歳ごろで、手づくりの花札をやったり、風呂場で暴れあったりで楽しいこともありました。風呂場当番、食事当番を決めて助け合いました。今もよく思い出します。けれども、カシメ打ちは本当にきつい仕事です。冬は何とかなりますが、夏は火を使うので耐えきれない労働です。仲間の中にはとうとう食欲がなくなり、衰弱し、栄養失調で竹の久保病院へ入院した者や、そこで死亡した者も数多くいます。そうですね、八〇人くらいは入院したでしょう。職場では休み時間には丘の上で体操をするのですが、ＮＨＫの体操みたいなもので、この仕方が悪いとまた殴る、蹴るのリンチを受けました。仕事はきついし、若いときですから眠い一心でしたが、次第に空襲が激しくなり、焼夷弾、サイレンと、そのたびに防空壕に出たり入ったりで、ただでさえ眠いときに叩き起こされて、腹が立ちました。逃げよう、逃げようと思い続けて果たせないうちに、とうとう八・九を迎えました。父は四九歳で亡くなりましたが、当時、一度だけ寮を訪ねてくれ、そのとき、もし逃げられたらまず佐世保の親戚に行き、そこから名古屋へ来るように話し合ったことがあります。

あの日、八月九日、私は運よく出勤の日で、飽の浦の造船所で被爆しましたが、もし交代で寮内にいたら当然爆死しています。三〇〇人のうち一〇〇人は交代で休んでいたのです。Ｂ29の大きい飛行機が飛んできて、ピカッと光ったかと思うと、ものすごい爆音がしました。私は足の親指に鉄板が舞い落ちて怪我をしました。後に手術をして、今も傷痕があります。ガラスが割れ、バラックは崩れ、あちこちに火の手と煙が上がりました。残ったのはしっかりした家だけです。私たちは強制連行者が入れられていた木鉢寮へ行くように言われ、そこで三、四日滞在しました。それから、大橋、住吉方面の道路整理を命じられ、見るも無惨な死体や瓦れきの整理に当たりました。よく見ないと、犬か、豚か、馬か分からない有様でした。煙がくすぶり、人や動物の死体の臭いでいっぱいでした。焼けただれた電車の中に、丸焼けの死体がころがっていました。

八月一五日、天皇の放送があって、私たちはやっと自由になりました。仲間はどんどん船で帰国して行きました。私も南さんという飯場頭をしていた人から誘われましたが、すでにおじさんは死亡していましたし、両親は名古屋ですので、断りました。橋の下で寝たり、三、四日食事なしのときもありましたが、そのうちに、土木工事の飯場を持っていた安田さんという同胞の下で働くことになりましたが、彼も二年前に帰国して今は日本にいません。安田さんの奥さんは日本人でした。昭和二二、三年ごろは、浜の町にあったヤミ市で、日本人の持ってきたものを売ったりして生活を立てました。あの当時は、身よりのない復員兵がウロウロして、ルンペンさながらでした。飛行服や軍靴もよく売りに出されました。その後、屋台を一台持ち、元手を作って小倉に行き、背広屋を開店するほどになりましたが、雇った日本人の店員にだまされて無一文になり、再び長崎に戻り、網場の桝本さん、本名は朴か李というと思いますが、彼の世話になりました。

私が今のような体になったのは、炭坑、造船所での強制労働、そして、原爆を受けたからですが、桝本さんのところを出て、また本河内の安田さんの家にいたとき、咳とともに洗面器半分ぐらいの多量の血を吐きました。これが最初の喀血です。私は十分苦労してきましたし、特にあの端島での日々を思えば、少々のことは我慢できる人間です。けれども、喀血ほど苦しいものはありません。安田さんの奥さんが病院へと言うので、いやだと断ると、子供にうつるから出ていってくれと言われ、仕方なしに今の親和銀行本店のところにあった保健所に行きますと、直ちに入院ということで、町田病院に移されました。これが入退院のくり返しの始まりです。安田さんの奥さんは、薄い布団の上下を用意してくれましたし、タバコを買ってきてくれたり、子供を背負って面会に来てくれたりで、物のない時分だけに、今もその親切は忘れられません。喀血は半年で止まりました。そのとき一緒に入院していた人はみんな死にました。私は生活保護を受け、米一升一五〇円の時代に、月一、二〇〇円では足りず、地金商やバーを経営していた同胞に無心して、福祉事務所から派遣された付添いのおばさんに渡していました。今なら生活保護で最低生活はできますが、当時は無理でした。

あれから三一年間、私はついに健康な体に回復することができず、大村、愛宕、東望、住吉、小江原と、療養所を転々とし、一三年前、朝起きると枕もとに雪がたまっているような隙間だらけの療養所を逐電して、以後今日まで通院生活を続けています。あの最後の逃亡は、毛布一枚の寒さの上に、散歩好きの私に外出も許さない不自由さから、やむを得ず決行したものです。どうせ入退院の明け暮れと諦めていましたが、病院で日本人患者から差別され、いじめられるのには耐えられませんでした。私も負けてはいませんから、「朝鮮人が寝言を言う」などと言われると、それだけ余計だと言って抗議し、時には殴られる、殴るといったこともありました。病院の先生がとめに入って、徐さんは優しく真面目だし、と日本人に注意すると、「朝鮮人の肩を持つ」と言って先生にくってかかる始末でした。また一年も寝ていると、運動不足から胃潰瘍になって、やせこけたこともあります。昔から歩くことの好きな私には、外出禁止の長い入院生活はひどくこたえました。退院して四畳半一室の間借りで栄養も取れない生活をしていると、また悪くなります。今は通院ですが、「息切れがする」と言うと、医者は「あんたの肺なら仕方ない。無理せず、調整して生きなさい」と言うだけです。先生にしてもこう言うしかないのかも知れませんが。朝鮮人被爆者の記録映画「世界の人へ」を作った盛善吉監督と一緒に診療所へ行ったとき、医者が私の肺のレントゲン写真を見ながら、『肺がない』と言うたんびに、盛先生が二回も三回も振り向いてはじっと私の顔を覗き込んだのを覚えています。

一七歳になったら結婚させると言っていたおじさんの言葉を思い出しながらも、私はもう結婚のことはあきらめていました。しかし、八年前、病院で知り合った日本人女性と結婚して、子供もできました。いまやっと小学一年生の双子です。結婚と申しましたが、実は戸籍上の結婚はしていないのです。子供たちは私を「お父ちゃん、お父ちゃん」と言って慕ってくれますが、籍は女房の籍にしているのです。理由はお分かりでしょう。学校に行けば、「朝鮮人の子」といじめられるに決まっています。二世、三世にはナマリはありませんが、私のように一四歳まで朝鮮で育った者は、どうしてもナマリが抜けません。直ぐ朝鮮人だと分かって、家を借りるのにも大変苦労してきました。学校でいじめられて自殺した子供もいるではありませんか。強くなれ、いじめ返せ、と私は言っています。それればかり言っています。日本人の中には理解のある人もいることは知っていますが、正直に言って、普通の日本人はものすごく悪いですよ。これは本当です。私はいつも言い返しますが、こんな馬鹿と話してもいっしょと思ってあきらめたことあります。革新党だから差別しないということはありません。「朝鮮人は本国へ帰ればよかとに。日本いれば大迷惑」と言った日本人をかばって、私を暴力的に威圧した革新議員だっています。苦い、苦い体験です。私は好きで日本に来たのではありません。あと三カ月で五五歳にもなりますが、子供は小学一年生、結婚もできない、病気はなおらないと宣言され、結核ということで保健所がうるさく言って、子供は施設に預けている有様です。せめて近くの施設で、よく面会に行けるところならいいのですが、中央児童相談所に相談しても、双子だからダメと理屈にならないことを言って、遠くの施設から近くの施設へ移してくれません。私にとっては「お父ちゃんが会いに来て」という子供の言葉だけが救いです。

差別についても沢山話しましたが、こんなことはみんな日本政府の責任だと思うのです。朝鮮を植民地にして、われわれを強制連行した。その上原爆にまで遭わせた過去を反省しないどころか、そのことをよく知っている政府が、行政が、なぜ先頭に立って日本人に知らせ、差別をなくすように努力しないのか。近くの朝鮮人に親切にするように言わないのか。私は抗議したい気持でいっぱいです。何もしてくれなくてよい、ただ差別だけはやめてくれと叫びたいのです。関東大震災のときの悪質なデマと朝鮮人虐殺だって、どれだけ反省されていますか。

日本は世界第二位の経済力とか言っていますが、戦後はあれほど貧しかったではありませんか。まがりなりにも平和だったからこそ栄えたと思うのです。戦争になれば、一部の者はもうかっても、すべてが終わりです。スーパーに行ってみませんか。何でもあるでしょ。昔はサツマイモばかり。ヌカ、メリケン粉ばかり。私は健康を害してはいても、差別のない社会、平和な社会のために、死ぬまで運動したいと思っています。

(「原爆と朝鮮人」第二集、六九〜七七頁)

金先玉氏〈重労働、ひもじい毎日、逃亡は半殺しの目に〉

金先玉《キム・スンオク》　七二歳　男
一九二三(大正12)年四月一四日生
本籍　忠清北道青川面木東里一〇五番地
住所　韓国忠清北道忠州市龍山洞四七五番地
証言日　一九九五年五月三日

わたしは、故郷で農業をしていました。一九四一年二月に面事務所から徴用令状がきました。青川面では四人行きました。近くの青岩面では五人行きました。青川面の四人のうち、一人は軍隊に取られ死にました。残りの三人は、端島炭鉱に行きました。釜山について四〇人くらいのグループで下関に連絡船で行きました。釜山には三菱会社の人が三人迎えに来ていましたが、どこに行くかも知りませんでした。

下関についてすぐ、汽車に乗せられて、長崎に着きました。そして、さらに船に乗って端島に連れ

端島神社の鳥居と神殿（2005 年 5 月 8 日）

て行かれました。どこに連れて行かれるかも知りませんでしたが、連れて行かれた先が端島でした。

高島は大きいが、端島は小さい島でした。本当にびっくりしました。それまで農業をしていたのに採炭夫をさせられたのですから。昇降機に乗って下に降りて海底のトンネルで採炭現場まで行きました。四年間も端島で働きましたが、最初の二年間は採掘夫、後の二年間はトロッコの運搬や枕木の作業をしました。たいていは二交代で一番方は朝七時に出ます。二番方は午後六時半に出ます。労働はきつくてこんなふうにかがんで採掘の仕事をするんです。四年間もそうしたので、こんなに背骨が変形してしまいました。怪我もしました。今も足に傷が残っています。この傷は七針縫いました。端島には全羅道、慶尚道、忠清道などの出身が多くいました。自分の知っている範囲では朝鮮人は四棟の飯場に入れられていました。（端島の地図を見て）ここにあったんですよ。岩山があって、神社が上にありました。病院の近くに朝鮮人の飯場はありました。トタンぶきのバラック四棟です。九階建ての建物の下にありました。一部屋に六～八人、八畳くらいの部屋でした。一人当たり二枚の毛布が配布されました。親方は慶尚道出身の人で親切でした。日本人の監督は年とった人でやさしい人でした。当時、わたしは「金子」と創氏改名していましたので「金子、金子」といわれていました。

炭鉱のなかは暑くて空気が悪く八時間以上すわって仕事します。わたしも一度、酸欠になって死にかけたこともあります。食事は「豆かす」「押し麦」がほとんどで量も少なくいつもひもじい思いをしていましたが、四年間の間に慣れてしまいました。賃金は六〇～九〇円です。だんだん熟練工になってきたので賃金も上がりました。仕送りもしていました。届いていました。現金でももらいましたが、貯金などした分は通帳もくれなかったので分かりません。

こんな端島の生活でしたが、耐え切れずに逃亡する人もいましたよ。し尿処理の船が来るときに当時貴重だった地下足袋をためていて、それをあげて、船底に隠してもらって逃げた人もいました。泳いで逃げる人もいました。枕木を二本組んで「いかだ」みたいにして、それに捕まりながら泳いで行くんです。でも、わたしは逃げる気になれませんでした。捕まれば、半殺しの目にあいます。真っ裸にされて容赦なく殴られてね。食堂にも監視がいるんです。それに、日本語ができないと逃げても結局捕まりますからね。バンドでめちゃめちゃに殴られたりしました。いっしょに行った黄徳聖さんは「創氏改名」しないといってはよく殴られていました。刃物で切られたりもして傷もありました。

朝鮮人飯場の丁度反対側にあたるところに中国人の人がいて、朝鮮人よりひどい扱いを受けていました。しかし、中国人との接触は禁じられていました。だから、詳しくは知りません。終戦間近に日本人と中国人の間で、大きなケンカがありました。

八月九日はわたしは海で泳いでいたんですよ。仕事が明けだったんでね。昼ごろ、長崎に原爆が落ちて、端島でも窓ガラスが割れました。原爆が落ちて七日目くらいに長崎に行きました。市内に入りましたが、町の名前などは知りません。最初に端島に行く時に波止場の近くに交番があったのを覚えていましたが、その交番も焼けてありませんでした。四年間端島にいましたが、一度も長崎に行ったことはありませんでしたから、長崎の町のことは全然知りません。ですから、どう歩いたかは分かりませんが、馬が死んでいたのだけはよく覚えています。わたしの歩いて行く方向に馬の頭が向いていて、腹がものすごく膨れて死んでいました。電柱が曲がっていました。家はみんな焼けてありませんでした。道路はある程度、整理されていました。もう、七日くらいですから死体などはありません。後片付けの仕事に行くといって連れて来られたのですが、着いた時がすでに午後四時を過ぎていましたので、後片付けの仕事は実際にはしませんでした。長崎に一泊して翌日、端島に帰りました。その時一緒に行ったのは五人でした。ほかの徴用工が死体処理や後片付けの仕事で長崎に行ったかどうかは覚えていませんが、わたしが長崎に行ったのはこの時です。

原爆の後二〇日くらいして八月の終わりころ帰国しました。長崎から船が来ると言っていましたが、全然来ないので発動船に木船をひかせて三日かかりで釜山に帰りました。その時は朝鮮人徴用工もたくさん残っていて、全羅道の人の中には、赤痢で亡くなる人もいました。会社が用意する船は来ないので、たいがい、わたしたちのような船で帰国したと思います。帰国する時に米二升、大豆一升をもらって行きました。途中の島にも寄りました。この船では一〇〇人くらい帰ったと思います。その時、中国人はまだ残っていました。彼らがどうして帰国したかは知りません。

同じ面から行った四人のうち一人は軍隊で死にました。後の三人は生きて帰りましたが、一人はソウルで死にました。黄さんは昨年死にました。生きているのはわたしだけです。同じ船で帰った一〇〇人の人の消息も分かりません。端島遺族会のことも知りません。

端島には四年間もいて、こんな身体にもなりましたから、昨日のことのように覚えています。言うに言われない感慨があります。

原爆については、当時、ああ原爆が落ちて解放されたと思いました。アメリカが助けてくれたと思いました。

帰国して二三歳で結婚しました。子供は男四人、女一人で孫はたくさんいます。

（一九九五年五月三日、長崎県原爆被爆二世教職員の会主催「端島現地調査」資料より）

第二節　韓国在住生存者の証言と訴え

崔璋燮氏〈騙して強制連行して、人生を台無しにされた〉

崔璋燮《チェ・チャンソブ》　八一歳　男
一九二九（昭和4）年一一月一〇日生
住所　韓国大田広域市東区板岩洞住公アパート六団地六〇二棟一四一三号
証言日　二〇一〇年一二月三一日、二〇一一年一月三〇日、同年二月一〇日及び一一日
（聞き手＝李大洙、全恩玉、柴田利明、高實康稔）

――いつ、どのようにして日本へ連行されましたか。
一九四三年二月、小学校を卒業して高等国民学校に通っているときだった。まだ一四歳だった。本当は一九二八年生まれだから。学校で木銃を持ってする青年訓練の最中にいきなり捕まえられて、益山《イクサン》の郡庁に連れていかれた。郡守の林春成《イム・チュンソン》が私を見て「なぜこんな子供を連れてきたのか」と職員を叱りつけたが、「人数を満たすため」ということで、そのまま一晩郡庁に寝かされ、翌日、咸悦《ハムヨル》駅

から汽車で釜山へ運ばれた。

——一九四三年といえば、いわゆる徴用が始まる前ですが、避ける方法はなかったのですか。また、家族には知らされたのですか。

父がすでに阿吾地《アオジ》炭鉱（＊北部朝鮮の咸鏡北道にあった日本人経営の炭鉱）に連行されていたが、兄が捕まるのを恐れて逃げていたので、私が捕まった。家にいれば逃げようがなかった。手当たり次第に捕まえたのだから。家族には知らされた。母と妹が二里もの距離を歩いて咸悦駅に駆けつけてきて、涙の海になった。母の愛は「浩然の気」だ。「途中で食べなさい」と言って餅を包んでくれた。一緒にいた人たちに分けてあげたのを覚えている。

——端島へはどのようにして行ったのですか。

釜山からは日本人が引率して連行した。原田という名前の隊長だった。博多で降ろされ、汽車で長崎に向かい、また船に乗れと言われて着いたところが端島だった。端島がど

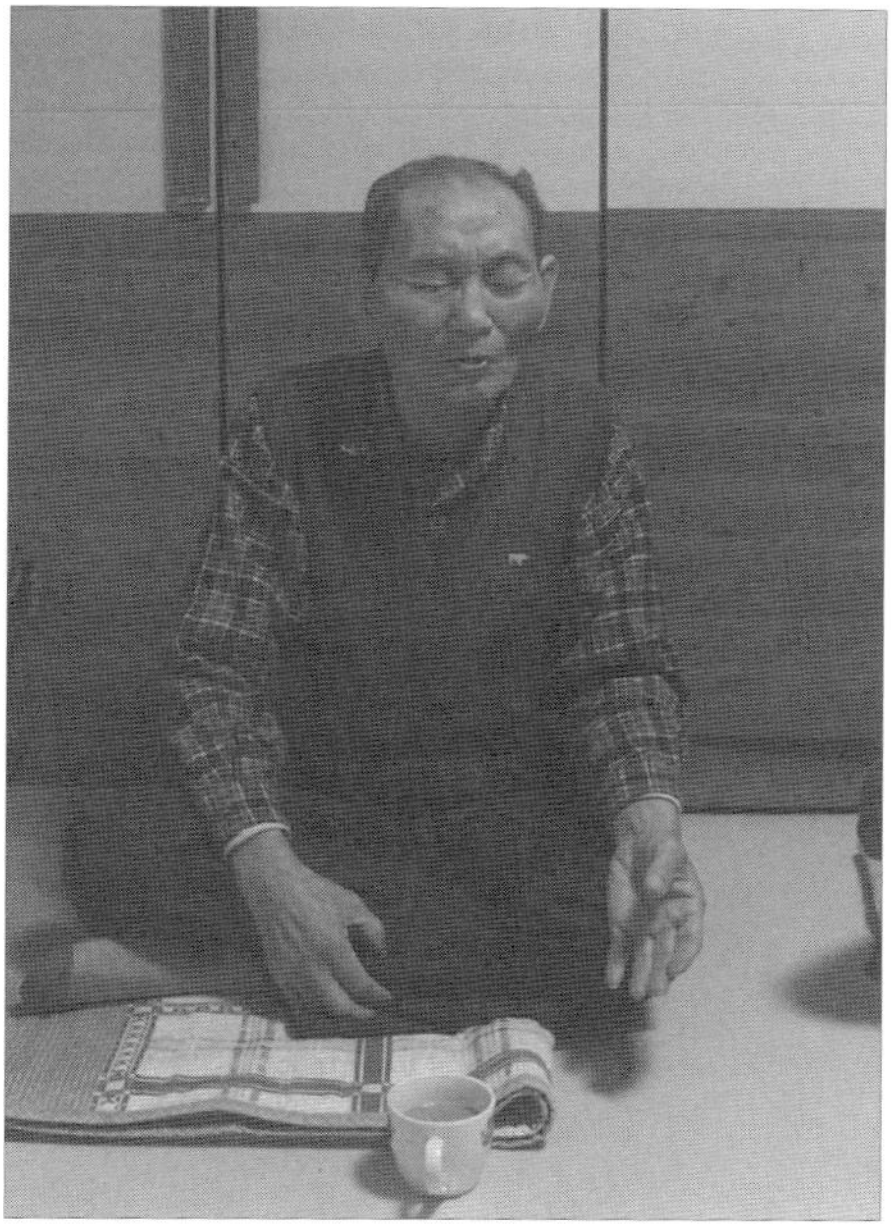
崔璋燮さん（2011 年 1 月 30 日）

んな所か何も話さず、無条件に良い所だと騙して、あの手この手で逃亡を防ぎながら連行した。恐ろしい炭鉱と知っていれば、逃げ出さなければならなかったのに。私は国民学校で一番なり二番で、日本語もよくできたし、字も書けたので、逃げようと思えば逃げ出せたのに、その機会を逃してしまった……。

——端島に着いてから、どうなりましたか。

島の北側中央部にある九階建の建物（＊現地証言により、一六〜一九号棟のいずれかと思われる）の地下一階に、三室に分けて約四〇名が入れられ、私はこの原田隊の第二中隊第二小隊に属して六一〇五番だった。ぞっとすることで、今でも忘れない番号だ。井邑《チョンウプ》、八峰《パルポン》、益山、木浦《モッポ》の人たちが一緒だったが、日差しも入らない部屋で湿気がひどく、きつい仕事から帰って風呂に入り、いざ眠ろうとしても汗がだらだら流れて眠れなかった。

——どんな労働をさせられたのですか。また労働現場はどんなところでしたか。

石炭を掘り出す仕事、採炭だ。わずか一週間だけ採炭現場を見学させて、仕事に就かせた。一番方、二番方、三番方というふうに三交代で一日一六時間労働のときと、二交代で一日一二時間労働のときとあった。一度に四〇人ずつ、坑口から三、〇〇〇尺もの地下にものすごいスピードで降下して、身の縮む思いがした。現場は暑くて汗だくなので、一年中、褌一丁で働いた。先山《サキヤマ》と呼ばれていた日本人の現場監督が二〇名に一人配置されていて、行ったり来たりしていた。彼らは危険を阻止する義務と責任があり、誰かが怪我をすれば先頭に立って処置した。石炭が多く掘れるところと少ないところとあるので、一人ひとりにノルマはなかったが、組全体での採炭量というのはあった。一組は一〇〇

高台中央部から積み出し貯炭場を望む（2005年5月8日）

人規模で、全体では五組あったと思う。汁かけ飯一杯食っただけで長時間働くのだから、みんな栄養失調状態になった。仕事が終わって、七メートルはある防波堤の上に毛布を敷いて体を休めていると、脚が痙攣を起こした。周りで「俺、死にそうだ」という呻き声も聞こえた。しかも賃金をもらったことはない。私の記憶は確かだ。

――怪我をしたり、亡くなった人はありませんでしたか。

もちろんあった。全羅道の久禮《クレ》の人がホッパーに落ちて死んだ。私も天井から石が崩れ落ちて埋まったことがあるが、先山が飛んで来て引っ張り出してくれた。その時腰を痛めて、今でもよくない。治療はしてくれず、薬もなかった。また、手に腫れものができて困ったが、「我慢しろ」と言われた。

――亡くなった久禮の人は、まともなお葬式をされたのですか。

原田隊長が死体を清めた後、死に装束をさせ、火葬をしたのかどうかは見ていないが、とにかく韓国に送り還した。

――島から脱出した人はいなかったのですか。

いたけれども、ひどい目に遇った。木浦や井邑の水泳が上手な人たちが丸太で筏を作り、海を渡ろうとしたが、途中で疲れ果てて捕まったり、陸地まで行って捕まった人もあり、ゴムのチューブで皮膚も剥げるほど叩かれた。悲鳴を聞いて駆けつけた私たちの目の前でさんざん拷問された。六七号棟のところに当時あった空き地でのことだ。大体一一名ほどで、彼らは投獄されたらしく、島からいなくなった。木浦の人は歌がうまく、賢い人だったが……。

――抵抗事件などはなかったのですか。

そんな余地はなかった。生きるか死ぬかの岐路に立たされ、「生きていたくも死にたくもなし」という気持ちで、刑務所に閉じ込められているのと同じだった。

――中国人も強制労働をさせられていましたが、会ったことがありますか。

この目で見た。相当多かった。彼らもひもじさに耐えながら、坑内で危険な作業をしていた。われわれも何かといえば「第二国民」と言われ差別待遇されたが、中国人に比べればましな扱いだったように思う。

日本の敗戦前から炭鉱はもう稼働しなくなっていたとのことですが……。

米軍の空襲で停電して、八月初めから稼働しなくなった。また、その前に、石炭運搬船が米軍の魚雷攻撃を受けて、ぽっかり穴が開いたこともあった（＊一九四五年六月一一日、「白寿丸」が米潜水艦「ティランテ」の魚雷攻撃を受けて撃沈）。

――そしてようやく解放を迎えられたわけですが、戦後はどうなりましたか。

予備軍少佐で、陸軍大佐が八月一六日にわれわれに何と言ったかといえば、「我が大日本帝国は三千年の歴史を破り、米英に降伏したが、よって皆さんは故郷へ帰ることになるので安心してください」と言って、涙を流した。その二日後の一八日と記憶するが、みんなと一緒に長崎へ行った。原子爆弾が落とされたことは知っていた。清掃作業を命じられたのだ。街は廃墟になっていた。焼け残った倉庫の中に豆が四方に飛び散ってたくさんあったので、それを拾って水で洗い、釜で炒って食べた。原爆に遭った豆だから食べてはダメだと言う人もいたが、自分たちは腹がへってたまらなかったから、明日死んでもいいと思って食べた。幸い、下痢もせず、体に異常はなかった。市内の寺に一泊して、端島に戻った。ところが、原爆が落ちる前に長崎へ行っていて被爆した人たちも島に戻っていて、病院で寝ている彼らの姿を見たときは本当に哀れだった。皮膚が犬の皮のようにグニャグニャに剥がれている人が多く、日本人だけではなく韓国人も少なくなかった。同胞のお爺さんが一人そんな状態で、可哀想で見ておれなかった。

――原爆の前に長崎へ行っていた韓国人とはどんな人たちですか。

われわれのように強制連行された人ではなく、単身または家族連れで、いわば「出稼ぎ」のような形で来ていた人たちだ。彼らには日本人と同じように島を出る自由があったようだ。もっとも、日ごろ、われわれとの交際はなかった。

軍艦島資料館の２階テラスから端島を指さす崔璋爕さん（2011 年２月 11 日）

――端島に連行された人たちで、名前を覚えている人がありますか。

チェ・オボク、キム・ビョンソン、ソ・チョンウクなど。彼らとは帰国も一緒だった。故郷の益山で時折会ったこともあるが、私が大田に移ってから散り散りになってしまった。オボクは現在どこにいるか分からないし、ビョンソンは労働者になっていたが、チョンウクは城南市に住んでいるのではないかと思う。

――どのようにして帰国されたのですか。

日本人がポンポン船のような小さな船を用意してくれて、五島経由で馬山に着いた。一九四五年一一月五日のことだ。途中五島の海で波が高く危険になったので、五島で一泊した。帰国の時に炭鉱が五〇円くれたが、馬山で泥棒に遭い、一文無しになった。井邑の仲間が飯を買ってくれて、お金を少しくれたお陰で無事家に帰れた。生き返った思いがした。

――お父さんは阿吾地炭鉱に徴用されたと言われましたが、無事に帰られましたか。

手を切断した姿で戻ってきた。同じように強制徴用されたのに、国内だったから補償金を与えないというのは理屈に合わない。もう亡くなったが、悔しくてたまらない。父まで徴用されて、家は完全に傾いたのだから。私は二〇〇五年に強制動員調査委員会に申告して、年八〇万ウォンの慰労金を受けているが、こんなスズメの涙ほどでも、父の分も支給されて当然と思う。（＊韓国では二〇〇五年に強制動員被害者の真相究明と補償に関する法律が制定され、その任務に当たる委員会が設置された。被害者は事実関係書類を添えて委員会に申告し、受理されて事実認定を受ければ、一定額の補償金が支給される。）

――端島・軍艦島を近代産業化の世界遺産にすることについてどう思いますか。

端島がわれわれにとってどんなところだったと思っているのか。騙して強制連行して、こき使い、人間として生きられないところだったのだ。四面海で逃げ出すこともできず、自分自身を放棄して、生きた心地がしなかった。人生を台無しにされた。あの地獄は忘れようとしても忘れられない。世界遺産にすることに全面的に反対するわけではないが、歴史的に証明されていることを隠すなと言いたい。独島問題もそうだ。端島で韓国人が生死した歴史を抹殺して、自分たちの観光地としてだけ利用するということは絶対に認めることはできない。

＊崔璋燮さんは、現在、妻と息子二人と共に大田の高層アパートで暮らしている。二年前に狭心症の手術を受けて、狭心症と前立腺の薬を服用しており、月一〇万円ほどの薬代がかかるという。妻は一年前から寝たきりの状態で、一月二〇日にお宅へ伺った時は入院しておられた。

田永植氏〈世界遺産だなんて、日本人はあの島の歴史を誇れるのか〉

田《チョン》　永植《ヨンシク》　九〇歳　男
一九二一（大正10）年一月一六日生
住所　全羅北道井邑市山外面五公里七五六
証言日　二〇一一年一月三一日（聞き手＝李大洙、全恩玉、髙實康稔）

——いつ、どのようにして端島へ連行されたのですか。

数えの二五歳のとき（＊一九四四年一月、誕生日前と思われる）、村の労務係が来て、言葉で命令した。徴用令状のようなものはなかった。釜山までは村の担当者が引率して、釜山からは原田という日本人が端島まで連れて行った。私の村からは私一人だったが、近くの村のチョンヤンの人も一緒で、全部で三、四〇人だった。日本に着いたのは夜だったので、どこだったのか分からないが、汽車で長崎まで運ばれ、船に乗せられ、着いたところが端島だった。炭鉱ということも、三菱ということも事前には何も聞かされていなかった。

——ご家族との別れはどうだったのですか。

私は九歳の時に母が亡くなってから、家庭の事情が複雑になったので、家族のことは話したくない。しかし、連行される二年前にすでに結婚していたので、残された妻の苦労は並大抵ではなかった。

朝鮮人の宿舎はこの付近の最下層と見られる（2005年5月8日）

――端島のどこに住まわされましたか。その環境はどうでしたか。

九階建の一番下の半地下だった。日本人たちはそこにはいなかった。別のもっと環境が良いところにいた。日差しが入らず、いつも湿気がして風通しもなく、気分が悪かった。年齢別に分けられて、一室に七、八人から一〇人一緒だった。島は周囲を高い防波堤で囲み、その上を歩いたり、近所をぶらつくことはできたが、会社の船が行き来しても、われわれは島から出ることは許されなかった。こんな宿舎でも疲れて寝るだけの場所として我慢するしかなかった。

――端島に着いたとき、どう思われましたか。

みんな真っ黒い顔をした坑夫ばかりで、うんざりした。金もなく、学もなかったから、こんな目に遭うのだと思うと情けなかった。少しはお金を持って行った人もいたが、私にはそんなお金はなかった。死ぬか生きるか、深く考えずに一日一日を過ごしていくしかないと思った。しかし、それが悪夢の始まりだった。

――どんな労働をさせられたのですか。

坑口から一〇〇メートル以上地下に入って行き、石炭を掘ってトロッコに乗せる仕事で、一日二交代の一二時間労働だった。一週間ごとに昼夜入れ代わったが、昼はなんとかなっても、夜は眠くて怪我をする人も多かった。脚を折った人もいる。三日に一回は怪我人が出た。私も指を怪我して、今もこんな風に真っすぐ伸ばせない（＊右手の人差指から小指まで第一関節がくの字に曲がっている）。手術をすれば治るというが、そのままにしている。また、石がぶつかって腹を怪我したこともある。傷跡はもう消えたが、ここを怪我したのだ（＊服をあげて脇腹を見せる）。病院には行ったけれども、一回の注射と薬だけだった。ノルマというものは特になく、決められた時間を守り、休まず働けばよかった。

――それほど危険な重労働に対して、賃金はどうでしたか。

賃金なんて無いのに等しかった。いくらか忘れたけれども、毎月小遣い程度、少しくれた。もともと給料がいくらとか、何年間働けとか、何も聞いていなかった。

――食事はどうでしたか。

粥のようなもの。食事のときごとに食券をくれたので、それを持って食堂へ行った。しかし、量が少なくて、いつもお腹をすかせていた。たまに豆を買って炒めて食べると、三日ぐらいは空腹を感じなかった。

――炭鉱とも知らずに行って、採炭の訓練はあったのですか。

最初、五〇日間、教育を受けた。まず視力検査をして、視力がひどく悪い人は坑内には入れず、坑外での作業をさせた。

――つらい労働や生活環境に耐えかねて、島から逃げ出したいとは思いませんでしたか。

田永植さん（2011 年 1 月 31 日）

あそこは監獄のようなところだ。四面が海で、逃げ出したくても、どうして逃げろというのか。諦めるしかなかった。全羅南道の海辺の人が泳いで脱出を計ったようだが、失敗して死んだと後で聞いた。そんなに近い距離でもないのに、泳いで渡るのは無理だ。韓国人の仕事場は日本人とは別だったし、坑外でもほとんど接触はなかったが、ある時、ふとしたことから、懲役刑を受けたという日本人たちと出会い、「日本政府は早く潰れたほうがよい、そうすればここから出られる」と言うのを聞いた。恐くて、その後付き合いはしなかったが、彼らさえ端島は監獄の続きだったのだ。

――中国人も強制連行されていましたが、会ったことがありますか。

仕事場は別だったが、島で見たことはある。彼らは日本の敗戦を察知して反抗した。われわれは抵抗しなかった。戦後彼らは食糧事情を改善されて、みるみる太ってきたが、われわれの食糧事情は変わらなかった。

——長崎に原爆が落とされて、田さんも長崎へ後片付けに行かされましたか。

行った。会社の定期船に乗って行った。誰が命令したかは覚えていない。原爆後一〇日も経っていなかったのは確かだが、相当後片付けは済んでいて、死体は見なかった。われわれは米軍のための道路づくりと聞いた。しかし、何もせずに、食糧を探して、壊れた工場の倉庫の中にあった豆を取り出して、炒って食べた。日本人が「食べたらダメ」と禁止しても、空腹のあまり、食べずにはおれなかった。後で目眩がして、意識を失ったが、その理由は分からない。五〇人以上が一緒に行き、この長崎派遣は二、三日続いたように記憶するけれども、われわれが行ったのは一回だけで、日帰りだった。高島が爆撃されて電気が止まり、八月の初めから働いていなかったことも派遣の理由だったのではないか。端島にも米軍の潜水艦が来て、石炭船を爆発させたことも脳裏に焼き付いている光景だ。

——それでは入市被爆の可能性がありますが、被爆者健康手帳は取りたいですか。一緒に行った人で、誰か覚えていますか。

手帳は取れるなら取りたい。仲間の一人はキムジェにいると聞いたが、帰国後に会ったことはない。

——そして、ようやく解放を迎えられたわけですが、どのようにして帰国されたのですか。

一刻も早く故郷へ帰りたい一心だった。字を習っていなかったので、手紙も出せずに約二年間過ごしてきたのだ。人生の楽しみは自由だろう。自由が一切なく、海の真っただ中で懲役のような生活を強いられていた島に残りたい者がいようか。会社はわれわれを帰国させる手立てを何もしてくれなかった。そこで陰暦の八月に、家族連れの同胞が手配した闇船に乗って帰ったのだ。まさに乞食のような格好で……。屋根もない小さな船で、いくら払ったかは覚えていないが、三、四〇人が少しずつ金を出し合った。希望者が全員乗ることはできなかった。私は家族連れの同胞たちと日ごろ付き合いはなかったけれども、運よく乗せてくれた。

——家族連れの同胞は何人ぐらいいましたか。また同胞は全部で何人ぐらいでしたか。

そんな詳しいことは分からない。

——端島・軍艦島を今では世界遺産にしようとしていますが、どう思いますか。

世界遺産だなんて、日本人はあの島の歴史を誇れるのか。外国人を強制的に捕まえて働かせた場所ではないか。自慢できるはずがない。観光地にして世界の人に見せようというのは金儲けのためで、言う言葉もない。そもそも日本は強制連行の歴史を謝っていないというではないか。それは道理に反する。物事には順序や事情もあるが、礼儀や道理もある。過ちを犯したのだから、謝るのが人の道というものだ。

朴準球氏〈原爆の後片付けを命じられ、人間や馬の死骸をたくさん見た〉

朴《パク・》準《ジュン》球《グ》　九一歳　男

一九二〇（大正9）年一月三日生

住所　全羅南道順天市松光面壮安里六八八

証言日　二〇一一年一月三一日（聞き手＝李大洙、全恩玉、高實康稔）

——いつ、どのようにして端島へ連行されたのですか。

一九四四年の冬、旧暦の一一月に、村の里長が徴用令書を持ってきた。当時もこの村に両親と兄弟姉妹の八人家族で暮していたが、長男の私が強制連行された。後で次男も北海道に徴用され、父が「なぜ下の息子まで徴用するのか」と里長に抗議したと聞いた。その弟は帰国してから死亡した。権力や金やコネのある者は除外され、私たちのように学校教育も受けていない貧しい者たちが徴用されたのだ。まず松光面《ソンガン》の役所へ行き、次に麗水《ヨス》に行ったが、そこには各地から数えきれないほど大勢集められていた。長崎へ行くことだけは告げられ、良いところだと聞かされていた。三菱という名前は聞いていない。長崎に着くと、三、四列の組を作らせ、銃を持った警官が付いて桟橋まで歩かせた。とても逃げ出せるものではなかった。五〇名、一〇〇名に分けて、小さな船に乗せられ、着いたところが端島だった。

——その時、同じ村から一緒に連行された人がいますか。

この村から二人、ユ・ビョンムックとパク・ジョングン。ジョングンは私の家の前に住んでいた。端島で一緒に働いたが、二人とももう亡くなってしまった。

——端島に着いてから、どうなりましたか。どこに住まわされましたか。

あそこはソウルのように八階建てや九階建ての建物がぎっしり建て込んで窮屈きわまりなかった。われわれが入れられた宿舎は九階建の一番下で、いつもじめじめしていて、海が荒れて堤防が潮をかぶると、宿舎まで海水が浸み込んできて、寝ている間に畳の上の衣類が濡れてしまうこともよくあった。日本では部屋に畳を敷くのだ。

——宿舎の近くに学校や病院がありましたか。

学校の近くだった。病院のことははっきり覚えていないが、派出所も近くにあった。とにかく端島というところは海の真っただ中にあって、周囲を高いコンクリートの防波堤で囲み、何千名もの人が住んでいて、郡庁のようなものもあった。学校は、坑内のガスが流れ出るからか、後で廃止されたようだ。生徒たちは他の学校に行ったようだが、そんなことは昔のことで詳しく覚えていられない。

朴準球さん（2011 年 1 月 31 日）

——朴さんたちの前に端島に連行されていた朝鮮人もいましたか。

いた。すでに三年以上になる同胞もいて、「ここに入ったかぎり、もう出ることはできない。お前たちも苦労するだろう」と言われ、驚き、諦めてしまった。もう人生はこれで終わりだ。「敵陣に入ってしまった」と思った。強制連行ではなく家族持ちの同胞もいたが、どこに何人いたかは知らない。自分は坑内との移動と堤防の上を歩くぐらいで、あまり動かなかったから。

——労働はどんなものでしたか。

坑口からエレベーターで地下一、〇〇〇メートルまでまっすぐ下がる。一番、二番、三番、四番というふうに組ごとに入っていった。「工藤さん」という日本人が私たちを指揮して仕事をさせた。また韓国人が指示することもあったが、その人は軍隊に行ったことのある人で、会社から命令を受けていたのだ。私は石炭を掘る仕事ではなく、洞穴（＊坑道のことと思われる）を掘る仕事をした。ユ・ビョンムックが岩盤に掘削機を当てて動かないように固定すると、私がうしろからその掘削機を押した。炭層にダイナマイトを仕掛けて爆発させ、石炭を取り出すから、その間にわれわれはまた洞穴を掘り、杉の丸太でしんばり棒を立てた。坑道には水が四方からぽつりぽつりと落ちてきて、その水を集めて外に汲み出せば大きい小川のようだった。また坑内はガスの臭いがプンプンして息苦しかった。端島は何でも機械で動いたし、最高の機械を使っていた。石炭を積んで上がり下りする機械、昇降機もあった。北海道の石炭が一番とかどうとか色々言っても、端島の炭が最も良質だと聞いた。掴んでも、よく掴めない小麦粉のようだった。

——重労働に対して、食事はどうでしたか。

米は半分も入っていない、主に豆を混ぜた飯だった。それも量が少なく、いつもお腹をすかせていた。会社が運営する食堂での決まった食事のほかには何もくれず、居酒屋や食堂に行くこともできなかった。給料をくれなかったから。会社はタバコを一日に七本くれただけ。昼夜仕事をして、握り飯の小さいのを二個しか食えない。アイゴー。

——隣りの高島も三菱の炭鉱がありましたが、行ったことがありますか。

ない。島から出ることは許されなかった。堤防の上をぐるぐる歩き回っていると、高島も長崎も見えたが、島に閉じ込められていたので、高島より端島のほうが大きいと思っていた。しかし、昼も夜も働いてばかりで、飯もろくに食えないので、耐えきれずに筏を作って逃げた人たちもいた。

――中国人も強制連行されていましたが、見たことがありますか。

労働現場を見たことはないが、中国人はとてもたくさんいた。捕虜として連れて来られていた。残酷な仕事は中国人にやらせて、食べ物が貧しかったので、やせて骨と皮ばかりになっていた。しかし、戦後彼らは力を得て食糧が改善され、二カ月もすると太ってきたが、われわれは握り飯一つのままで、差別と思った。

――長崎への原爆投下から日本敗戦となりますが、その頃どうしていましたか。

高島・端島には焼夷弾みたいな物が海側に落ちて脅威を与えるレベルだった。米軍飛行機が飛んでくれば「警戒警報、警戒警報、走れ！」という声が聞えて、恐ろしくて逃げたりした。八月一五日、天皇の降参の後、つまり原子爆弾が長崎に落ちてから一週間か一〇日過ぎた後、端島を初めて出て、長崎市内に入って行った。高島の発電所に爆弾が落とされて、端島への送電が止まり、八月の初めから仕事ができず遊んでいたので、原爆の後片付けでもさせようとしたのだろう。日本人が通訳を介して命令した。大きな船ではないが、たくさん乗せて、仲間はみんな一緒だったと思う。韓国人の監督も、ユ・ビョンムックもパク・ジョングンも一緒に行った。

――原爆を落とされた長崎の街はどうなっていましたか。

工場も建物もひょろひょろ倒れ崩れていた。駐在所も滅茶苦茶になっていた。人間の丸焼けの死骸がたくさんあった。馬の死骸もそのまま放置されているのを見た。死骸をうっかり踏めば、形が残らないほど崩れる状態だった。焼け残った灰よりもひどいぐらいだった。

――そこで掃除というか、後片付けをしたのですか。

掃除は全然しなかった。もう天皇が降伏して昭和《(マヽ)》が滅びた後だし、国に力が無くなって、私たちに仕事をさせることができるか。それに私たちはお腹がすいてたまらなかったので、燃えて壊れた倉庫の中に残っていた焦げた豆などを取り出して、炒めて食べた。そんな倉庫が通りのあちこちにあった。腹痛はしなかった。そして、その日のうちに端島に戻った。八月は雨がおびただしく降ったことも記憶している。

――被爆者健康手帳は取得したいですか。

できるものなら取りたい。証人といわれても、ビョンムックもジョングンも亡くなったから、証人はいない。

――帰国前後のことを教えてください。

とにかく早く帰りたかった。しばらくして闇船でも何でもよいからと仲間たちと話し合って、木造船を見つけたが、小さ過ぎて不安だった。誰が世話したかは知らないけれども、船長はロシアにも行ったことがあるというので、お金を出し合ってそれを借りることになった。希望者がみんな乗ることはできなかった。体を寄せ合うようにして乗っていたが、途中で風がつよくなり、どこかに一泊して馬山に着いた。船長にいくら払ったかはもう覚えていない。会社が手配したものではなく、お金をもらったこともない。帰国してから韓国の店に美味しいものがたくさんあるのを見て感激した。端島では握り飯二個だけのひもじい毎日だった。言葉では言えない苦労をしたが、生きて帰れたのは天佑だと思う。

――端島・軍艦島を世界遺産にすることについてどう思いますか。

日本は隣国だし、良いことではないか。あまり関心はないけれども。

＊朴準球さんは、帰国後に結婚され、農業で六人の子供を育てられた。一一年前に妻を亡くされ、今は一人暮らしである。妻はお寺が好きな人だったという。

第三節　「歴史スペシャル――地獄の地・軍艦島」（ＫＢＳ韓国放送）

日本九州長崎に浮かんでいる小さな島、端島。一九七四年以後無人島になったこの島は、軍艦のように見えるといって軍艦島と呼ばれる。最近観光コースとして開発され、ここを訪れる観光客が増えているが、そこにはまた他の背景がある。

世界遺産指定推進関連室長のコメント

「端島は通称〈軍艦島〉と言い、幕末から明治以来の近代化産業遺産として、世界遺産への登録を目ざしています」。

しかし七〇年前、ここへ引っ張られてきた朝鮮人たちにとって、ここは地獄であり、監獄でもあった。

「日本で重い罪を犯して無期懲役を受けた者がここ軍艦島に行かせられたのです。」――軍艦島生存者、田《チョン》 永植《ヨンシク》さん。

海上から取材するKBSのカメラマン（2005年5月25日）

「まさに収容所のような場所でした。人間の地獄がここだなあと思ったのです。病身になって出たり、死体になって出たりする所だったのです」。――

軍艦島生存者、崔璋燮《チェ・チャンソプ》さん。

廃虚になった跡に無惨な秘密を隠したまま幽霊のように残っている島、軍艦島。一体この島で何があったのだろうか。

（長崎の歴史と三菱、韓水山さんの小説『軍艦島』の紹介と説明、インタビューなど）。

（炭鉱労働と軍艦島の炭鉱労働の詳しい状況について説明。高實先生と岡まさはる資料館の紹介）。

軍艦島に引っ張って行かれた強制動員被害者に真相を確かめようと軍艦島の朝鮮人生存者を探し、訪ねた。

大田に住んでいる今年八一歳の崔璋燮さん

は、軍艦島で二年半の間、強制労役で苦しんだ。崔さんが軍艦島へ引っ張られたのはわずか一四歳、つまり中学一年生くらいの年のことだ。

崔璋燮さん（八一歳、大田広域市パンナム洞居住）

「無差別に捕まえて、数字を満たそうとしたのでしょう。滅多やたらに捕まえ回りました。僕は小学校を卒業してから、学校で訓練しているときに引っ張られました」。

崔さんはまだ当時の苦しかった生活をはっきりと憶えていた。

「蚊も飛んでくるし……。到底生きられないくらいでした。夜は栄養失調で足に痙攣がおこります。生きるのが死ぬより悪い状況でした。——それが一年以上も続くと自殺するか、何とかしてしまおうと覚悟をしたんです」。

また他の生存者にも会えた。全羅北道井邑市の農村に住んでいる田永植さんも軍艦島で悪夢のような生活に耐えなければならなかった。二〇歳ごろ引っ張られてから、いつの間にか七〇年近くの歳月が過ぎたが、あの時経験したことはまだ脳裏にくっきりと刻まれている。

田永植さん（八九歳、全羅北道井邑市居住）

宿舎内部の残骸（2005 年 5 月 8 日）

「人間の楽しみは自由じゃないでしょうか。自由がなく、ぎゅっと四方が囲まれ行き詰まる所で、ご飯も満足に食べられず、地下を這いずって炭を掘り、日々の日課がそれだけなのに何の楽しみがあるでしょうか。何らの暇もないんですよ」。

製作陣はもう一度軍艦島に取材に行った。長崎にある漁村で釣り客用の船を借りて、また軍艦島に入った。

強制動員された朝鮮人たちは波が荒くぶつかってくると水浸しになる低地に住んだ。宿所さえ日本人たちとは隔離され、お互いに違う区域で過ごした。九階建てのコンクリートアパートの中で、日光が当たらず換気も悪い半地下一階が朝鮮人の部屋だった。

崔璋燮さん

「九階アパートで一番下が朝鮮人が住む場所でした。そこは日差しも入ってこないし、風もあまりよく通らなかったです」。

半地下にある部屋は狭いし、湿気がいっぱいで、いつも悪臭がした。それに部屋の窓は二重になっていた。当時は脱出を防止するために二重窓になっていたし、近くに監視所もあった。監獄と同じ宿所で過ごした人々が経験した困難の一つは、日常的に窮乏していた食糧だった。一日一二～一六時間まで炭鉱労働する中、食べ物は豆かすで作ったおにぎり二つが全部だった。栄養失調で倒れる人々が多かった。お腹がすいてよく動けなくて炭車の間に挟まって死んだ人もいた。

田永植さん

「腹はいつもすいていました。ところが、日本人が豆を密かに持ち込んだりしましたので、豆を密かに買ってきて、炒めて食べたら、後三日間はお腹がすいていませんでした」。

崔璋燮さん

「仕事を終えて帰る時、疲れてコンクリートの岸壁に横になっていれば、足に痙攣がしました。あちこちで死にそうだという悲鳴が聞こえました。涙海でした」。

強制労働に苦しんだ人々の作業現場はどのような姿だっただろうか。

崔璋燮さん
「一日一六時間を二交代で八時間働いたら、一六時間です。日差しも入ってこない海底数百メートルの海底炭鉱での作業は恐怖そのものでした」。
田永植さん
「一〇〇メートル地下に入って行きます。入って行ってそこで炭層を探し、穴を掘りながらどんどん入ります」。

地下に降りるほど狭い坑道の切り羽は暑くてじめじめしていた。

崔璋燮さん
「服が要りませんでした。そこでもらったパンツ一枚だけで十分でした。全部脱ぎ、パンツだけ。(記者：ふんどしのことですか。)はい、ふんどしですよ。(記者：なぜふんどしだけで働きましたか。)「そりゃ、暑いから。汗がひどくて、汗にまいるから」。

(当時の軍艦島海底炭鉱をコンピュータグラフィックで復元)。
炭鉱で一番坑道の行き当たりが朝鮮人の労働現場。彼らはここでふんどし一枚だけ身につけて、立てないので腹這いになったり、横になったりして石炭を掘らなければならなかった。切り羽で一番危険なことは天井から岩石が落ちる落盤事故。一カ月五～六回は事故が発生した。

田永植さん
「夜はどうしても眠たくて労働者たちが怪我をしたりしたことも多いです。僕もそこで大きな石ころに当たって、この手は今もまともに伸ばせません。四～五日に一度は大怪我をする人が出ました。脚が折れた人もいました」。

崔璋爕さん
「全羅南道の人が一人死にました。石炭を掘り出す穴に滑って落ちたけど、穴の中であの人は死にました」。

体調が悪いので働けないと言ったら、労務監督らしい人に引きずって行かれ、さんざん殴られた。

崔璋爕さん
「馬の鞭のような物を作って、それで人をやたらと殴りとばし、肉がむき出して、悲鳴をあげたり……。周りにも聞えるようにわざとひどく、二度とそんなこと、仕事を休みたいとか言わないように、日本の奴らが見せしめとして……」。

空腹と過酷な労働に苦しみながら、監獄と同じような宿所で過ごした人々が故郷を思いながら脱出しようとしたのは当然のことだった。実際多くの朝鮮人が死をかえりみず、脱出を試みた。しかし、泳ぐ途中の海で溺れ死んだり、途中で捕まって残酷な拷問を受けたりした。

長崎の軍艦島資料館の展示（2011 年 2 月 11 日）

崔璋燮さん
「直接見たんです。木浦の人でした。木浦と井邑の人でした。いかだを組んで陸地に向かおうとすれば、一〇キロメートルくらいはあると思うけど。そこを泳ぎ、じたばたしながら渡る途中捕まったり、陸地に着いたけどまた何日かして捕まって戻され、あらゆる拷問にあったりした」。

軍艦島資料館には強制動員被害者に関する資料はない。むしろ軍艦島で起きた残酷な過去を消したまま、観光資源にするために世界遺産登録の努力をしている現状を目撃した。

崔璋燮さん
「それを観光地にして世界の人々に知らせるというのはね。日本の人々にとっても、それはあまり自慢にならないのではないでしょうか。外国人を強制的に連れてきて働かせたのだから」。

（二〇一〇年八月七日放送、五八分二四秒、抜粋）

第四節　強制連行・強制労働を告発した先駆的な記事および証言

終戦に気付き歓声――差別された朝鮮人・中国人

「昭和一八年だったかな。中国人が捕虜という名目で来たとは。二四〇人くらいおった（＊三菱鉱業が外務省に提出した報告書によって、正確には二〇四名であることが判明している）。むかしの大納屋の建物を宿舎にして、その一角を鉄条網で囲ってな。防衛隊（在郷軍人を主体に編成）が銃を持って周りを警戒しよった。

朝鮮人も『勤労奉仕隊』いうて五百人くらい来とった。わしも朝鮮へボッシュウ（募集）にいったよ。朝鮮総督府で三町ぐらい割り当ててもろうて、一町から四、五十人出させた。まあ、強制たい。引率の途中、関釜連絡船の桟橋で混雑にまぎれこんだり、列車から飛び降りて逃げたともおった。わしら三人じゃけん、追いよったら別のに逃げられる。内地への渡航証明は、わしらが一括保管しとるけん、警察や憲兵隊に連絡しとけば、あとで捕まるたい。

朝鮮人には日本人と同じ賃金払うたし、自由にさせよった。家族呼び寄せたともおる。しかし、島から外へは出さんかった」。

小迫正行さん（五六歳）。昭和一四年入山。外勤係。二九年に退職、いま西彼杵郡高島町漁協組合長。

「中国人が二人、坑内で係員をスコップでなぐった事件があったよ。二人を北海道へ護送したが、係員も悪かったとよ。中国人、朝鮮人は日ごろ、差別されとったもんな。自給用の牛やヤギをつぶしても、頭や骨しか回さんし。

戦時中の炭鉱の厳しさは、軍隊なんか問題にならん。泳いで逃げようとして、おぼれ死ぬとが年に四、五人おったよ。外勤はいわば、炭鉱の私設警察たい、いうこと聞かんとはみな、外勤本部へ連れて来よった。しかし朝鮮人だから余計たたく、ということはなかったな。中国人はたたかん（＊中国人も暴力を振るわれていたことは多くの証言によって明らかであり、この言は誤りである）。暴動がこわいけんな。中国人はおとなしかった。昇坑が遅うても、文句いわんし、休みには輪投げやら、竹細工やらしよった。相当偉いやつもおってな。『いつか帰れる。日本は必ず、われわれに負ける』というとったよ」。

「終戦は八月一五日の夜八時か九時かに、外勤本部に電話で知らせて来よった。みんなに知らせちゃいかん、いうてな。わしらがヤケ酒飲みよったら、高島から社船が来てな、中国人と朝鮮人担当の係員をその晩のうちに、端島から避難させたよ。わしらが右往左往しよったんで、中国人も気付いたっちゃろ、声を合わせて〈マンセイ、マンセイ〉と夜中まで叫び声がひびいた。

わしも次の船で島を出て、別府の保養所にひと月半ほどおった。その間に、中国人も朝鮮人も送り帰したとたい。他の炭鉱では朝鮮人が暴れたりしたが、端島だけは船が出るとき〈サヨナラ、サヨナラ〉と手を振ったそうですたい」。

（朝日新聞長崎版、一九七三年一〇月二五日付）

ああ軍艦島——脱走未遂は半殺しに

敗戦の年にこの島へ来て、閉山（一九七四年一月一五日、四月二〇日に無人島化）のときの端島労組書記長だった多田智博さんは、労組解散記念誌『軍艦島』に、「……どうせ男一匹暮すなら、むしろこの西の端の小島がこれからの人生を切り拓くために最もふさわしい試験台のように思われてくるのでした。しかし、寮のへやにはいり、そこに黒々と書かれた〈二度と来るまい鬼が島〉という落書きを見たとき、甘っちょろい感傷は吹きとび、そこに先住者の苦しみと悲しみを見る思いがしました」と書いている。

高浜で船頭をしていて、後に端島炭鉱の本雇いの船頭になった山口津代次さん（七八歳）も、幼いころ、いたずらを見つかると、母親から「あの島へやってしまうぞ」とおどされた。桟橋が今ほど立派でなく、大きな船が横付けできないので、沖の船と島との間を小船を操って、人や荷を運ぶのが仕事だった。

シケになりそうなときは、小船は沖に錨をおろす。岸壁につなぐと船が打ち砕かれるからだ。しかし、シケでも小船を出せと命じられれば、船頭は海にとび込んで小船に泳ぎ、船を岸壁にもって来なければならない。生命がけだった。真冬の荒海、「こんなつらい仕事をせんと、なんでメシが食えんのか」と、何度思ったことだろう。

しかし、つらいのは船頭だけではなかった。

たまりかねて泳いで逃げようとする者、坑木でイカダを組んで逃げ出そうとする者、――「ケツ割り」と呼ばれた脱走を試みる人も、しばしばあった。高島が一番近いのだが、そこは同じ三菱のヤマ。逃げるには野母半島を目ざすほかない。だが、すぐ目の前に見えても、潮流に阻まれる。津代次さんも、ケツ割りに失敗しておぼれかかった男を船で助けたことがある。

しかし、水死を免れても、脱走未遂は、納屋頭と呼ばれた、今でいう寮長から半殺しの目にあわされることを覚悟しなければならなかった。

敗戦が近づき、男手も少なくなると、中国人の捕虜（＊実際には拉致された農民が大半）や朝鮮人が大ぜい連れて来られた。日本人坑夫の住んでいるところから離れたところにまとめてほうり込まれていたが、狭い島のことである。今でも津代次さんは、その人たちの叫ぶとも泣くともつかぬ悲しい声が耳に残っている。

一度だけ声のするへやをのぞいたことがある。多分まだ、はたち前と見えた、朝鮮人の若い男が正座させられ、ひざの上に大きな石をのせられていた。

敗戦後間もなく、この人たちは本国に帰ったらしい。彼らをいじめた会社の外勤係は、敗戦ときくと、報復をおそれていち早く身を隠したという。（本誌・豊田健）

（「朝日ジャーナル」一九七四年五月一七日付）

軍艦島の生活環境（その二）

（抜粋）「端島における朝鮮人、中国人の強制労働の実態はこれまでほとんど明らかにされておらず、また関係者はこの問題については、一九五六（昭和31）年の台風災害で会社事務所の一部が流出し、書類は全く残置していないと述べる。わずかに最近行なわれた朝鮮人強制連行調査（＊一九七四（昭和49）年四月二八日）によって、敗戦時端島礦にいた姜道時さん（六〇歳）のつぎのような証言が得られている（長崎新聞一九七四年四月二九日）。姜さんは、昭和一五年約二千人の同胞と一しょに石炭船で樺太に運ばれた。三菱・塔路炭鉱で四年間働き、妻子も呼びよせた。ところが一九年九月、樺太の炭鉱整理で端島へ配置転換を命令され、妻子を樺太に残したまま約一〇〇人の仲間と端島へ来た。

――寮に入れられ一日二交代の重労働。労務係の監視がきびしく、疲れて仕事に出なかったり、家族への手紙に島の実情を書いたりすると、すぐ連れて行かれた。労務事務所前の広場で、手を縛られたままの朝鮮人を三人の労務係が交代で軍用の皮バンドでなぐった。意識を失うと海水を頭から浴びせて地下室におしこめ、翌日から働かせた。『一日に二、三人がこうしたリンチを受けていた。屋外でやったのは私たちへの見せしめのつもりだ。とても口では話せないぐらいひどいリンチだった』と姜さんは語った」。

（日本住宅協会発行「住宅」通巻第二六一号・一九七四年六月二〇日発行、長崎造船大学助教授・片寄俊秀氏）

（以上、「原爆と朝鮮人」第二集、七七〜八〇ページ）

劉喜亘氏〈軍艦島から脱走、南洋のタラワ島へ〉

劉喜亘《リュウヒグン》　七二歳　男
一九一九（大正8）年八月生
住所　大阪府門真市石原町三二一一八　日本印鑑（株）関西本部特約部
証言日　一九九一年四月某日

私は、一九一九（大正8）年、朝鮮人民が朝鮮全土で日本の植民地統治に反対し、「朝鮮独立万歳」を叫び、一斉蜂起したその年の八月、慶尚南道統営郡の一漁村で生まれた。

日本の官憲が、朝鮮の老人たちの白いコートに水鉄砲で墨汁を吹きつけたり、ちょんまげをはさみで切り落としたりするのを見て、幼な心に憤慨したものだ。それで、無学では駄目だと思い、勉学めざして一四歳で渡日した。五年間、専門学校で学び、社会人となったものの、差別と偏見のため正業につけず、職を求めて転々とした。尼崎の守部にいたとき、同胞青年たちと学習会をつくり、民族問題や差別問題を論じたが、それだけの罪で憲兵隊に連行され、一〇日間も死ぬような拷問を受けたことがある。私は民族主義者だとレッテルを貼られ、特高の監視の下におかれたが、隙を見て九州に逃げ、同胞たちがたくさん働いていると聞いて、長崎県の野母半島の沖にある三菱の端島炭礦に応募した。

海底炭礦である端島の姿が、海に浮かぶ軍艦にそっくりというわけで、軍艦島と呼ばれていた。軍艦島の周囲は、コンクリートの防波堤が取り巻き、たった二つの出口があるだけで、陸地から四・五キロも隔離された〈収容所〉そのものであった。そこには、朝鮮から「募集」で連行されてきた同胞や、私のように仕事を求めて応募して入った在日同胞などが大ぜいいた。私たちの間では、「とてもじゃないが、この島から生きて出られない」という話が、毎日のように聞こえてきた。地下数百メートルをエレベーターで下り、切り羽に入って石炭を掘るのであるが、日本人は炭層の高い、採炭しやすいところを受持ち、われわれ朝鮮人は五、六〇センチの低いせまいところに入って、体を横にしてツルハシで手掘りしなければならなかった。長時間の労働の末、真っ黒になって上がってくる。そんな毎日の生活であった。私はあるとき、もうここには何の望みもないことを知り、島からの脱出を決意した。それまでの逃亡の前例などの話を同胞たちから聞き、万全の準備をした。とうとうその日が来た。四人の仲間を誘って、ワイヤーロープ一本にすべてをかけて防波堤を下り、満ち潮の水道を無我夢中で泳ぎ渡り、ようやく陸地にたどりついた。端島の対岸の野母半島の浜べであった。あとで聞いたが、引き潮のときに海に入ったために死んだ人がたくさんいたということである。

私は、再び尼崎に帰り、二三歳で結婚した。一九四一（昭和16）年ごろだった。当時〈徴用〉が非常に盛んな時期だったので、〈徴用逃れ〉に島根県の軍需工場（日立製鉄の製炭部）に入ったが、すでに朝鮮から「募集」でやって来た独身者が一五名、所帯持ちが八所帯あった。ところが、会社の事務所の連中が、砂糖や酒などの配給品を独占し、朝鮮人同胞をいつも不公平扱いにして苦しめていたので、私は二人の同胞友人と一緒になって、待遇改善を要求し、製炭所長（陸軍伍長＝下士官）や、警察を相手に談判した結果、ある程度の改善を勝ち取った。それで助かったと思って一安心していたところ、突然家宅捜索を二回も受け、待遇改善に立ち上がったわれわれ三人は、懲罰的な仕返しをされて、〈徴用〉に引っ張られる羽目になった。

徴用で連れて行かれたところは呉海軍兵団で、私はそこで銃剣術や行進の訓練を受けた。一九四二（昭和17）年一〇月二〇日、海軍第一一一設営隊が編成されて、引き続き訓練を受けたが、やがて東京芝浦岸壁に終結させられ、貨物船に乗せられた。同年一一月二五日、貨物船七隻の船団は、ギルバート諸島（現在のキリバス共和国）のタラワに着いた。タラワというところはハワイとマーシャル群島の中間にある、赤道直下の島で、とても暑い、小さな島であった。そこには、すでに先遣隊が到着していて、朝鮮の北部の平安道から強制連行されて来ていた一八〇人の同胞がいた。彼らの中には、故郷の野や山から仕事を終えて下りて来たとき、また畑仕事をしているときに、憲兵や警察や総督府の役人達から捕らえられ、行き先も告げられず、家族との別れもさせず、無理やり引っ張ってこられた、あわれな人たちが多かった。われわれ海軍第一一一設営隊の主力は、朝鮮人約一、五〇〇人で編成されていたが、隊長、指揮官、小中隊長たちはみな日本人であった。作業は、滑走路を拡張したり、椰子の木の丸太を切ってきて防空壕をつくったり、珊瑚を掘削してバラスを作ったりする重労働の毎日であった。そこでアメーバー赤痢が流行していたが、一度かかったら二日持たずに死んでしまい、相当の死者が出た。しかし朝鮮人は体が強かったせいか、にんにくのおかげかわからないが、アメーバー赤痢の犠牲者はたった一人だけであったということを聞いている。

一九四三（昭和18）年四月二三、二四日、タラワ島に対する米軍の空襲が行なわれたが、それは相当はげしいものだった。私の目の前で、徴用工がバタバタと倒れていった。私は、うろたえて走る同胞を救おうとして、後を追いかけていたとき、爆弾の破片にやられ、危うく左足を失うほどの大怪我をしてしまった。その後も、小規模の空襲があったが、九月一二日から三日間も行なわれた大空襲は、徹底的にものすごいものであった。そのときは空襲だけではなく、艦砲射撃まで受けたので、空から海からの大攻撃であった。それは両方が戦い合うという戦争ではなくて、一方的にやられっぱなしであった。

こちらの高射砲などは全然届かない。せっかく苦労して造った滑走路にも、大きな穴がどんどん出来るし、弾薬庫や燃料倉庫がやられ、大きい火柱があがり、地響きはする。それは、ものすごい戦場であった。われわれが築いた高射砲台は、影も形もなく吹っ飛ばされてしまった。

当時、タラワにいた同じ朝鮮人でも、日本から連行されてきたわれわれ徴用工と、朝鮮からの連行者――募集、官あっせん募集、徴用、強制連行――に対する処遇では、大変な差があった。軍は、これら朝鮮人に直接、接触もさせなかったし、食べ物もわれわれ徴用工が三とすると、朝鮮からの直接連行者はゼロにひとしいようなものが与えられていた、ということも聞いた。朝鮮から直接連行された人は一八〇〇人ぐらいいるということだったが、私が帰国するころには、一〇〇人そこそこしか生き残っていなかった。まさに消耗品だった。

やがて負傷者たちは日本へ送還することになり、幸運にも私はその一人に選ばれ、御用船に乗り込んだ。三、四隻の御用船団を組んで太平洋に乗り出したところが、タラワ島を離れて一昼夜もしないうちに、米潜水艦の魚雷攻撃を受けた。

それが私たちの船に命中し、数十人の徴用工と兵隊が死んだ。マストには服や人間がぶら下がり、血だらけの甲板には人間の手や頭がゴロゴロところがっていた。ハッチに足をはさまれ、「オモニ、助けてー」と叫びながら、遂に息絶えていった同胞青年もいた。私たちは、怒りと悲しみでそれらを集め、身元不明の死体などを毛布でくるみ、近くのロット島まで運び、そこで火葬した。

ロット島付近で船団を組み直し、トラック島をへて日本へ向ったが、途中で米軍の潜水艦による魚雷攻撃に何度もおびやかされた。しかしそれらを巧みに避けて、無事横須賀軍港に帰り着いた。

そして、私は一九四三（昭和18）年一二月二〇日に除隊になる。だが翌日二一日の新聞で、タラワ島の指揮官、島崎海軍少将以下、日本将兵二、九五五人、朝鮮人軍属一、五〇〇人の全員が一一月二五日に「玉砕」した事実を知ったのである。一カ月も遅れた報道だった。

今思うと、本当に私は九死に一生を得たわけである。タラワ島で負傷して、先に日本へ帰る私を見送って、手を振っていた同胞たちのうらやましそうな眼差しを忘れることはできない。あれから五〇年。日本人側は、政府の援助を得て、現地に出掛け、遺骨を収集し、追悼碑も建てている。しかし、一、五〇〇人にのぼるわれわれ同胞犠牲者とその家族については、いまだに何の手も差し延べられていない。こんな理不尽がどこにあろうか。

私は、生き残った者の義務として、遺族を探し出して、現地を訪ね、そこへ追悼碑を建て、旧軍人・軍属遺族援護に関するいろいろな法律から〈国籍条項〉を撤廃させる運動に余生をささげたいと思っている。（辛基一）

＊劉さんの証言は、一九九一年四月、大阪府朝鮮人強制連行・強制労働真相調査団の中間報告会で話されたものを要約した。この集会を契機に、劉さんは大阪と兵庫の真相調査団や朝鮮総連の協力を得て、一層精力的に活動された結果、その努力の一部がかなえられた。一九四五年の朝鮮解放後、今日まで劉さんはコツコツと二一七名の朝鮮人戦死者名簿をつくってきたが、この一年の間に新たな情報を得て四一七名に増え、うち三三名（在日一六名、北朝鮮一名、南朝鮮一六名）の遺家族を探し出し、遺族会も結成した。劉さんのけなげな努力を新聞で知った枚方在住の住職の鷲尾さんが、追悼碑建立に全面的に協力を申し出られ、一九九一年一一月二五日、四八年目にタラワ現地で追悼碑の建設と、追悼式がおごそかに行われた。しかし、日本政府当局は、劉さんらに対して何らの援助も、補償も行なっていない。劉さんは、「タラワ・マキン島ウリ（我）同胞犠牲者遺族会」顧問として活躍中。（この証言のあっせん者＝大阪市北区西天満六丁目六―一一高千穂ビル二階、空野佳弘法律事務所――弁護士・空野佳弘氏、電話〇六―三六一―五四八八）

（「原爆と朝鮮人」第六集、二〇七～二一〇ページ）

第二章　提訴原告中国人の陳述

以下は、長崎の中国人強制連行裁判（二〇〇三年一一月二八日提訴）の原告一〇名のうち端島関係の原告三名の陳述録取書（二〇〇六年二月一五日、最終準備書面として長崎地方裁判所へ提出）である。端島への連行の経緯を含めて全文を掲載する。

李慶雲氏〈労工の人命は無視され、抵抗は暴力によって弾圧された〉

一　身上

私は李慶雲と言い、一九二五年一一月八日生まれの一人息子、漢族、小学校卒業、家業は農業、代々中国河北省武邑県坡鎮西老庄村に在住。私は、父、母、妻と四人で暮らしていたが、一九四四年六月、長崎の三菱株式会社高島鉱業所端島炭鉱に強制連行された。

二　強制拉致と拷問

私は一九四二年八路軍の正規軍に入り、後に県の大隊に配属された。一九四三年一一月、武強県鳥木村で日本軍に遭遇して戦闘になった。私たちの大隊は金寺院で日本軍が村役場を略奪するのを阻止に行き、日本軍に包囲されてしまった。包囲網を突破しようと突き進んでいたとき、日本軍の騎兵隊に追撃され、私ともう一人の隊員が律寨河で捕まった。日本軍はまず私たちを律寨のトーチカへ連行し、厳しい拷問と恐喝を加えながら四日間尋問を続け、次に孫寨のトーチカへと連行した。ここでの尋問は更に悪辣で、「お前たちは八路軍か」と問い、認めないとそのたびにこん棒で何度も殴りつけ、全身傷だらけになった。五日間の取調べの後、今度は武邑県の留置場へ護送された。ここでは各種の刑具がさんざん使われた。彼らは私を長椅子の上に縛り付け、頭が下になるようにそれを立てて、私の口に冷水を流し込み、流し込み終わると、またまっすぐに戻して尋問した。認めないと再び水を流し込み殴打する。私はこの拷問で何度も気絶したが、その都度、目が覚めるまで顔に水を浴びせられた。武邑県の留置場には六カ月間拘禁された。その後、私は八路軍嫌疑犯として、すべての捕虜と一緒に縛られて、家畜用の馬車で衡水監獄へと運ばれた。ここには一泊だけであったが、日本軍は逃亡を恐れて全員に首枷をつけた。翌日、五~六人ずつまとめて腕を縛って繋ぎ、列車に乗せて徳洲労工収容所へ運び、さらにその翌日には急行列車で天津を経て塘沽収容所へと送り込んだ。列車内には銃を持った二人の日本兵が監視していた。塘沽収容所では警察はオレンジ色の軍服を着け、つばの大きい帽子をかぶり、部屋の中で歩哨に立っていた。警備隊の漢奸たちは緑の軍帽を着け戦闘帽をかぶっていた。日本兵は収容所の外で機関銃を持って見張りをしていた。日本兵はカーキ色のラシャの軍服を着ていた。塘沽収容所の周囲には高圧電流網が張り巡らされ、多数の日本兵、警官が厳重に警備し、二時間ごとに歩哨が交代していた。日本兵は毎日私たちに駆け足訓練をさせ、夜寝る前に点呼した。しかも何回も調べた。小便は部屋の中の便器にするが、大便の時には申告して許可を得ないといけなかった。その為私たちは毎晩よく眠れなかった。食事は毎日二回で、トウモロコシ粉の小さなウオトウを一人二個与えられたが、水は一日一碗の生水だけで、喉が渇いてたまらず、自分の尿を飲んだものもいる。また、収容所では毎日死人が出、外に担ぎ出されていった。塘沽収容所に一〇日間拘置されたあと、身体検査を受け、二〇〇人以上の人たちが汽船に乗せられた。「八」の字ひげの軍服の男は、私も収容所で見かけた記憶がある。船が埠頭を離れてからようやく日本へ造船所の仕事の労工として送られると聞かされた。船は貨物船で、中国で略奪した石炭を大量に詰め込んでいた。私たちはこの石炭の上に座らされ、甲板に上がることは許されなかった。日本人が甲板の階段のところで見張っており、一人の中国人が甲板に上がろうとして頭を出したらこん棒で一撃された。大海原に出てやっと甲板上で風に当たることを許されたが、丁度甲板上で食事を取りに行ったとき、一人の山東省出身者が海に飛び込んで逃げたので、以後甲板に上がることは厳禁された。九晩九日航行し、飢餓と船の揺れ、船酔いに苦しんだ。食事は一日二回で、一回二個の小さいウオトウだけで腹を満たすにはとても足りず、食べても吐いたりするし、病気になったりする者も少なくなかった。深県の劉学東は重い感冒にかかり、病状がどんどん悪くなって息も絶え絶えとなった。すると日本人が彼はもう駄目だといってかけ布団で彼を包んで海に投げ込んだ。下関の埠頭に着き、下船して体を消毒された後、乗ってきた同じ貨物船で長崎の端島へ運ばれた。ここからまた私たちの地獄の生活が始まったのである。

三　収容生活、強制労働

（一）端島で私たちが住まわされたのは粗末な木造家屋で、天井は低く、日陰の非常に日当たりの悪い位置にあった。部屋の中は畳敷きだったが、非常に湿っぽく、そのために体に疥癬が出来て、酷くなる一方であった。一部屋に四、五〇人が詰め込まれた。寝るときは這って入り、横たわるのがやっとで、寝返りを打つことも出来ない狭さであった。寝具は一枚の破れた粗織りの敷布と薄い小さな掛け布団があるだけで、冬は寒く、夏は蚊に刺されて眠れなかった。私の労工番号は一六五番で、番号

中国人収容寮跡（手前）（2005年5月8日）

で呼ばれ、私たちの大隊は六つの小隊に分けられ、私は四小隊だった。大隊長は鄭子田、副大隊長は最初王文元で、後は徐貴祥になった。小隊長は最初陳耀増で、後に楊と言う人に代わった。副大隊長は尹会川で、通訳は許だった。

（二）端島に居た一年余りの間、衣類としては日本へ発つ時に、単衣一枚、半ズボン一着、半袖シャツ一枚が支給されたが、破れて繕えなくなっても、再支給はなかった。他に褌を月に一本ずつくれたが、坑内ではこれ一丁で労働し、時には素っ裸のまま働き、まるで原始社会に帰ったかのようであった。冬場は中国の故郷より暖かいといっても、流石に寒さと体力低下で風邪を引いた。

（三）食べさせられたのは混合粉で、主として家畜用の飼料である豆粕を私たちに食べさせた。機械で円盤状に固めた豆粕のかたまりを粉状にして、更に黒い粉が混ぜてあった。粥は二〇〇人もの多人数にわずか一鍋で、小さい碗に一杯ずつしかなかった。普段食はマントウにしてあった。坑内に入るとき、朝四時に起きてから、摂る朝食は両手で包めば見えなくなるほど小さな混合粉のマントウ二個だった。朝食時、昼食用にマントウが二個だけ支給され、空腹に耐えられずに、これも朝に食べてしまう者が出た。日本人の監督が検査してマントウを持っていないということが分かると、殴りつけられた。夜、仕事から帰って摂るもう一回の食事は一個のマントウと一碗のスープか二個のマントウであった。夜勤のときも食事は昼勤のときとかわらず、夜中食はなかった。また、入坑時には一本の水筒を身に付けて行ったが、暑くて喉が渇いて飲み干してしまっても、補給されることはなかった。空腹のために目の前がまっ暗になり、甚だしいときは虚脱状態に陥った。多くの者は路上に落ちているみかんの皮を拾ったり、青草野草を引き抜いて食べたが、それも日本人の監督に見つかると激しく殴打された。中国の我が家にいたときは、主食としては一日当たり小麦粉二斤（一kg）、それに副食をとっていたが、端島の主食はせいぜい三〇〇gしかない粉食で、副食は殆んどなかった。五五kg位あった私の体重は、数カ月で四五kgになった。

（四）病人部屋はあったが、病気になっても治療が施されることはなかった。動けなくなって、いったんそこへ入れられると面倒を見てもらえず、ただ、死を待つ他はない者もいた。病気になると治療をしないばかりか、働かないことを理由に食事を半分に減らした。元々不十分なのに、さらに半分にされれば、どうして生きながらえることができよう。ある時、私は背中のバッテリー液が漏れ出し、水滴状に腿の上に落ちて広がり、火傷を負った状態になった。これは労働災害に他ならないが、日本人の監督は見向きもしなかった。私はハトロン紙の切れ端を拾ってきて腿の上に被せ、引きちぎった布で縛り、痛みを我慢して仕事を続けるほかなかった。仕事を休めば、最低限の食事がさらに半減され、生きていけないからだった。

(五)入坑は昼と夜の組に分けられ、半月毎に入れ替わった。休日はなく、毎日一二時間労働となっていたが、大出炭日にはさらに延長された。私は坑内の掘った穴の中に石を詰める仕事をした時期があるが、一組は一二人で、通常一日一八〇車の充填を課されていた。そのノルマが時間内に達成出来ないと罰として残業させられ、達成するまで昇坑は許されなかった。また採炭をさせられていた時期に、仕事の終わり近くに空腹のため、目眩がして、石炭を積む作業が遅れたことがあった。すると監督がこん棒で私の頭を後ろから殴りつけてきて、大きなこぶが出来た。

四　自由と人権の抑圧

(一)自由は全くなかった。端島炭鉱において私たちはロボットと同じ扱いを受けた。無言で整列して坑内を昇り降りし、労働するだけで、仲間同士が話すことも出来ず、大小便さえも制限されていた。ある時仕事に行かされる路上で、たまたま同郷の肖桂香といっしょになりお互いに名前を尋ねあったところ、日本人の監督が革靴を履いた足でいきなり私の片足を踏みつけ、私を蹴り倒し、続いて太腿を蹴飛ばした。私は五、六日間片足を引きずって歩かねばならなかった。塘沽収容所から同じ船で端島に拉致されたのに、原告の李之昌と顔見知りになったことさえなく、二〇〇三年秋、龍田、浅井弁護士達が石家荘に来て、原告全員が初めて顔をあわせたとき、初めて知ったほどであった。

（二）強制労働だった。病気であっても休むことは許されなかった。ある時、私は高熱が出ていても仕事に行くように監督に迫られ、途中の路上で昏倒したことがあるが、獣のようなこの監督はこれを見ても、仮病だと決め付け、昼食用として持っていた小さなマントウすらも奪い取った。宝坤が私をかばって寮へ戻してくれたが、この日は完全に食事を絶たれた。人権や自由はいわずもがなである。

五　虐待、虐殺

会社は中国人の命を顧みず、坑内での身の安全を守ってやる気はなかった。身体の安全を保障してくれなかったのである。常に怪我や事故に遭う危険があったのに放置した。そのうえ日本人の監督が殴打と虐待を加えたので、これによって死に至った中国人も少なくない。例えば次のようなことがあった。

（一）負傷事故が頻繁に発生した。私と一緒に働いていた袁久居は石で足の親指に怪我をした。私も仕事中に石が落ちてきて足を負傷し、足が腫れてひどかった。身体を保護する作業衣類、防具を与えず、裸で働かせ怪我をしても、何の治療も施されなかった。

（二）安全設備、救助活動をしなかった。新青崖は坑内で風にあおられて倒れたときに、全身が埋められ石炭の粉塵が鼻と口につまって、死亡した。

（三）王玉蘭は身体が弱く、歩行が緩慢なことに日本人の監督が腹を立てて、エレベーターに乗ったとたん残酷な監督が蹴り飛ばし、墜落死させた。私たち中国人は生存権すら奪われていた。

（四）王雲起は原因はよく分からないが、何かの食中毒になったのに治療されなかった。彼は労工たちの中で高い教養を有した人物であり、鍼灸が出来、仲間たちの信望も非常に厚かった。日本降伏後、帰国の少し前、私たちが魚を焼いて食べていたとき、彼はそばで見ていたが突然倒れ人事不省になった。顔が青ざめ、唇は紫色になり、全身が黒ずんで、口からは泡を吹いていた。今でもその光景が目に焼きついている。私と仲間たちは、炭鉱長を探し出し、病院へ運んで緊急救助をするように頼んだが、「治療しても無駄だ。死んでいる。もう死んでいる」といって、彼は一切手を貸そうとしなかった。つまり王雲起は見放されて死んだのである。私たちは彼が中毒で死亡したことは認める。しかし、中毒の原因は何か、なぜ、炭鉱長は救助しなかったのか今でも疑念を晴らすことは出来ない。

六　労工の人命無視、弾圧

（一）ある時、坑内でガス漏れが発生したが、日本人の主任監督は中にいる中国人労工の生死を顧みず、急いで坑道の入口を塞がせようとした。楊会民と保昆の二人が、まだ奥に居ることに私と袁傑三と任運徳が気づき、命の危険を冒して再び中に入り、二人を救出した。その時彼らはまだかすかに息があった。しかし、炭鉱長がいかなる救命処置も採らなかった為に、結局彼らは恨みをのんだまま異国他郷で死んでいった。このことがあってから、私のほかに肖桂香、尹会川、王保安、呉錫珍、李福順、任運徳の七人は炭鉱長との交渉を要求して就労拒否を始めた。炭鉱長は警察署に電話して私たちの騒動を告げ、警官を呼び寄せた。七人はみな縛り上げられ、滅多打ちにされ、そのまま警察署に連行された。そこで「誰が率先して騒動を起こしたのか」と自白を迫られ、「仕事をするのか、しないのか」と言われた。私は「我々は造船の仕事だといわれて来たのだ。石炭を掘りに来たのではない」と答えた。すると一人の警官が私の頭部めがけて切りつけてきた。私は咄嗟に頭を下げて避けようとしたが、首の後ろを切られて鮮血が噴出し、地面に倒れて意識を失った。仲間の肖桂香が身にまとったボロ布を引き裂いて傷口を包んでくれたのでやっと一命を取り留めることが出来た。そのときの傷跡は今も首の上に有るばかりではなく、首を動かすのが不自由な状態である。警察署では三日三晩飲食を絶たれ、夜も眠らせなかった。肖桂香は喉が渇いて、仕方がなく自分の靴に小便をしてそれを飲んだ。最後にはまた縄で私たちを縛って労働現場に引っ張って行き、「吊し上げ集会」を開いて、私たちを「犯罪人」と非難し、採炭業務に戻れと脅迫した。

(二二)張培林は坑木を立てる仕事に当たっていたが、若いのに食べる量が不足し、常に空腹状態で働いていた。そのため、よく監督と言い争った。監督から殴られることが日常的状態になり、もはや我慢しきれなくなっていた矢先、監督から殴られ、とうとう我慢の緒を切らして、彼もこん棒で殴り返した。殺すつもりで反抗したのではないが、結果として監督は死んだ。事件後、炭鉱長は張培林を縄で縛り、どこか坑外へ連れ出して行き、その消息はわからなくなった。彼は刑務所で殴られて死んだという噂と原子爆弾で爆死したという噂があった。今に至っても彼の遺骨は何処にあるのか私は知らない。

七　家族の被害、帰郷

私は日本が戦争に敗れたお陰でやっと強制収容、強制労働から解放されたが賃金は当然のように支払われていない。ただ働きさせられた。帰国旅費も支払われていない。一九四五年旧暦一一月に我が家に辿り着いた。妻しかいなかった。

私を捕まえた日本軍は私たちの村を襲撃し、私たちの家の全てを奪い取り、三棟の藁葺きの家を焼き払った。父は途方に暮れ、私が日本軍に捕まった翌年の四四年三月か四月ごろ、私の身を案じながら、涙を浮かべて世を去った。母と妻は隣近所に哀願して、ごく簡単に父の遺体を埋葬した。家には食料が全然無くて、客が来ても出すものがなかった。後には母は目が見えなくなり、私の妻は母を連れて周囲の村や町で物乞いをし回って暮した。一九四五年初冬、母は飢えと寒さで景県場村の路傍で病死したと聞かされた。妻は村の人々に跪いて哀願しながら善意の人に巡り会って、やっと簡単に母の葬儀を済ませたが、また、物乞いの生活を続けていくよりほかには無かったそうである。

八　提訴の経過

私が捕まって二年の間に、家は破壊され、父母は死に追いやられ、思い起こすだけでも心が乱れる。日本政府と企業は被害を受けた私たちに公道を持って対応し、公開して謝罪し、賠償を行う義務がある。そのこと、加害者が被告らで責任があることを知ったのは、二〇〇一年九月に「長崎中国労工受害者聯誼会」が結成され、被告三菱マテリアルに対し、二〇〇二年一月一六日付けで真相調査及び補償申し入れを行うまでの準備期間からである。そもそも、私たちは帰国した後、日本の侵略協力者と見られ、肩身の狭い思いを長いこととしてきた。そういう中で、日本政府や企業に補償や賠償を請求できるとは思いもよらなかった。知ったとしても請求できる法的環境がなかった。裁判を起こし、被告の政府や企業に請求しなければならないことを知ったのは、二〇〇三年秋、浅井弁護士らが石家荘に来て、私たちに、被告国や被告企業に法的責任があると説明されてからである。

一、陳述録取のとき小学校卒業といっているが、正確な言い方でなかった。農村の私塾に通い、行ったり行かなかったりだった。二年間通って、お金が続かずやめた。解放前の故郷には公的学校がなく、私塾を学校といった。新聞は読めない。私の陳述録取書に何が書いてあるか、自分で読んだだけでは部分、部分分からないところがある。老田さんや王洪傑さんに読んでもらって内容は確認した。自分の名前、住所は書くことが出来る。当て字を使うことが多いが、簡単な手紙は書くことが出来る。しゃべったり、聞いたりすることに不便はない。

二、新聞はとっていない。みても三分の一位しか分からない。三年前親戚からもらった白黒テレビがある。ニュースはよく見るが、分からないときもある。国際ニュースなどは知識不足のため分かりにくい。

三、来るとき船の中で日本人が通訳を通して三菱の造船工場に行くと説明したのに、着いてみると炭坑だった。三菱の炭坑だというだけで、きちんとした会社名は知らなかった。三菱鉱業株式会社とか三菱重工業株式会社という名前は聞いたこともない。造船所と炭坑が同じ経営者かどうかということも知らなかった。当時から六〇年近く、端島が三菱鉱業株式会社の経営だということを知らなかった。

＊李慶雲氏は原告団長を務められたが、二〇〇九年五月二日、逝去された。

李之昌氏〈着く前にも激しく拷問され、島ではひもじい上にいつも殴られた〉

一　身上

私の名は李之昌、民国八（一九一九）年一月二五日生まれ。一人息子で代々家業は農業で、塩山県小庄郷西宋村で暮らしている農民である。日本兵に捕まったとき、私は両親と妻と四人で暮していた。両親ともすでに老齢に近づいていた。妻とは一九四二年旧暦五月一九日（新暦七月二日）に結婚したばかりだった。捕まったのは一九四三年正月（新暦二月）だった。

二　強制拉致・拷問

（一）私は一九四〇年に日本軍に抵抗する工作組織に参加した。当時、私たちの村の周囲七カ村と共同防衛組織を形成しており、私はその中で村の民兵隊長であった。私たちの任務は敵の鉄道、道路、電話線を破壊して、敵の拠点の連絡網を破壊することであった。昼間に八路軍が手紙で任務を指示し、夜になってから私たちは任務を実行していた。一九四三年の旧暦正月九日（新暦二月一三日）、日本軍は私たちの村へ「掃討」作戦を仕掛け、村を包囲した。そして、一人の裏切り者に村の幹部を見分けさせ、三人を捕らえた。指導員の張丕明、主任の王金亭と私である。正月一一日（新暦二月一五日）、聖仏の拠点に連行された。当時、聖仏は一つの鎮で、私が住んでいる村から西南へ一五里（七・五キロ）の位置にあった。日本軍は聖仏鎮の中にある村の外の北側に拠点を設けていた。拠点には出入り口が一カ所あるだけで、周囲に塀をめぐらせ、塀の中にトーチカを構え、一般の民家も取り込み、住民はすでに追い出されていた。拠点の中に警備隊員が一〇〇人余り、特務が二〇人余り、日本兵が一五、六人いた。私たちは土間の一部屋に閉じ込められて、ある時は二〇人ぐらい、ある時は三〇人ぐらい押し込められ、わずかばかりの稲藁が敷かれた土間で、寝起きさせられた。部屋の外は警備隊が見張っていた。私はここで一晩寝かされて、翌日取り調べを開始された。裏切り者が密告したために、日本人はすでに私が民兵隊長であることを知っていた。私を取り調べる時、康（中国人ではない）という名前の通訳を介して尋問がなされた。もう一人の日本人が記録し、ほかに周りには何人かの日本兵がいてそのボスはあだ名が「小毛」といっていた。

（二）尋問を始める時はまだ鄭重さをよそおって、私を椅子に座らせ、また水を一杯ついでから通訳を通じて尋ねさせた。まず、「あなたたちは、何人いるか」と聞かれ、私は「多数だ。各村にみないる」と答えた。また、「銃はどれくらい持っているか」には、「銃はない」と答えた。すると彼らは私が本当のことを話していないといって、私を地面に押し倒し、革の鞭で私の背中を鞭打った。背中から鮮血がしたたり落ちた。傷口を塩水の中に漬け込んだ竹箒で痛みつけた。それから、私を引き立て、再び取り調べを始め、密告者が私の前で「認めなさい。認めて、われわれと一緒に働こう」と誘いかけた。私が「銃はないのにどこをさがせというのか」と反駁すると、今度は日本兵が私を棒で押さえつけて、特務たちが担いできた一本の大きな木を私の足の上に載せさせ、四人の男に命令して其の上に上がって踏ませた。ただ一回踏まれただけで、私は痛さのあまり気絶した。日本兵は私の頭に水をぶっかけ頭にぬれタオルを被せ、私の意識が回復するとまた引続き尋問を繰り返した。私がどうしても協力を承諾しないことがわかると、虎椅子（＊拷問刑具）を使った。特務たちが長い腰掛けを担いできて、私の足を椅子に縛り付け、足の下にレンガを差し入れた。五つのレンガが敷かれると、私は気絶した。彼らはまた、水をかけて目を覚まさせた。一日中このような尋問を何度も繰り返したが、ついに何ら必要な情報を得ることができず、最後に私を部屋に戻して監禁した。この部屋の面積は六〜七平米しかないのに、二〇人ぐらいを押し込み拘禁していたので、座っているのがようやくであった。一日三回拷問しながら尋問を続けた。一日の最後の取り調べは、「灌涼水（水を無理矢理飲ます）」、「庄杠子（太い棒で押さえつける）」「虎椅子」をされた。「灌涼水」はまず私の頭を熊手の間に挟み込んで固定し、縄で私の両足を縛り、同時に二人が私の両腕をひっぱり、それからハンカチを顔にかぶせて、やかんから口の中に水をそそぎ込む拷問である。「庄杠子」は、私を跪かせて、大きい棒を膝の裏に差し入れ、同時に布で頭をきつく巻き付けて、倒れないように両方で二人が支えてから、四、五人が棒の上に乗って、力一杯押しつける拷問だった。耐え難いのは二、三人が上に乗ってシーソーをこぐかのようにすることで、そうされて私はすぐに昏倒してしまった。「虎椅子」は私を長い椅子に座らせて、足を椅子に縛り付け、かかとの下にレンガを一つ一つ入れる拷問だ。気絶したらまた冷たい水をかけて意識をとりもどさせ取り調べを繰り返した。取り調べが終わった後部屋に閉じ込め、警備隊が外で見張りをした。閉じ込められた部屋は泥でつくった平屋で、土牢同然だった。部屋が小さいのに人間を多く詰め込み、横になろうとしても身体を伸ばせず、人数が少ない時でも座るのがやっとだった。食事は、ウオトウ一籠を運んできた。一日二回の食事で、一人一回二個の割当だった。水は一日一桶あたえられたがまったく足りなかった。一日二度私たちを戸外に一時出したが、この時やっと便所に行くことが許された。他の時間は行かせない。もっとも何日もろくに食べていなかったので、何日も大便をしないこともあった。小便は部屋の中でさせたので、衛生環境は劣悪であった。私と一緒に捕らえられた人は皆同じ様に痛めつけられ虐待をされた。指導員張丕明は拷問の末に共産党員であることを認め、早めに収容所送りにされた。労工として日本の長野に送られてそこで死んだと聞いた。王金亭は第二期として送られて行った。拘禁が続く間に、新たに捕らえられてきた人、送り出された人と入れ代わっていったが、ただ私だけがずっとそこに拘束されていた。

(三) 聖仏の拠点で一カ月余り痛めつけられ、塩山県の監獄に移送された。塩山監獄で一カ月留め置かれた後、さらに日本の小林部隊(解放後は塩山県銀行の所在地、現在建物は撤去されてない)に移動させられた。そこでの見張りはみんな日本兵だった。十何人かそこで拘禁された。その中の二人の幹部は、一人が敵工作部長で、もう一人は王という参謀で、私もよく知っていた。まもなく「八」の字ひげをはやした日本人が登場してきた。軍服を着て、肩章をつけており、およそ五〇歳くらいで、おそらく中隊長だろうと思った。彼は中国語が出来た。私たちの顔をあげさせ、私たちに「苦力の力仕事ができるか」と聞いた。みんなは「できる、道路や鉄道など全部できる」と答えた。彼は聞いて少し笑った。「よし、お前たちはしっかり働け、苦力だ」と言った。その時には炭鉱のことなどふれもしなかった。また、半年留め置かれてから、車が来た。車が来たのを見て、どこへ連行されていくのだろうかと恐れた。日本人は私たちを細い縄で二人ずつ、腕どうしを縛り付けた。縛り終わると、私たちを車に押し込んだ。

自動車で私たちは滄県（現、滄州市）の監獄まで運ばれた。滄県監獄に留置されている期間は、毎日二個の黒豆粉でつくったウオトウを食べさせるだけで、お腹がすいてたまらなかった。何日間かして、私たち一行七、八人は列車に押し込められ、塘沽に運ばれた。

（四）塘沽収容所での状況　塘沽収容所には中庭がなく、北の方だけ陸続きで、他の東、南、西の方は全部海河の水面だった。水に面する東、南、西の三方は全部鉄条網が張られていた。鉄条網の前には「通電中」と書いてある看板が立っていたが本当に電流が流れていたかどうかは分からなかった。しかし暴動を起こした時には通電していなかった。正門で警察は見張りに立っていた。私たちが到着してから三二〇人余りとなり、そこに二〇日余り監禁された。ある中国人が見張りの巡査から私たちの日本送りのことを聞き出し、その情報にみんな動揺した。そこで暴動を起こして逃げようということになった。夜に、電気スイッチを落として、電流網を越えて外に出る計画である。塘沽の収容所は北側に鉄道が通り天津に通じているが、その北側は日本軍の厳しい警戒がある。仲間たちは協議の上、海河の潮が引いているうちに南へ逃げて、水面は深い所でも一メートルなので、現地の者が案内すれば逃げることが出来ると考えた。実際、その日の夜、大型スイッチが落とされ電灯が消えた。私たちは互いに声を掛け合いながら外へ逃げ出した。逃走を恐れて、ふだんから夜は靴を履くことを許さずみんな裸足であった。電流網は三重に張られていた。私が最初の電流網を越えたとき後ろで銃声が聞こえた。日本兵が機関銃で掃射し、仲間がばたばたと倒れていったが、その大混乱の中で、ある者はなお外へと突き進み、ある者はもどった。結局、幾人かは逃げ切った。私の村の主任王金亭はこのとき逃走に成功した。私は逃げ切れない状況を見て取り、走って戻った。銃を持った日本兵がすぐに駆けつけ、逃げた人数を調べた。翌日、収容所は全員を集合させ、逃走の現場で捕まえてきた二、三〇人を会場の中央に跪かせ、残りの二〇〇人を周りに座らせて、日本の役付きが取り調べ始め、中国通訳が通訳した。「お前たちは日本で働かせようというのに、なぜ逃走したのか。逃走する者はすべて殺す」ということであった。しばらくして、中央の者たちをどこかへ連れていった。その中の一六人は銃殺されたと後で聞いた。それからまた、一カ月ばかり拘禁され続けたが、その間散歩することや他の部屋に入ることも全部禁止され、トイレの時しか部屋の外に出られなくなった。日本人は私たちを日本の端島へ送り出すことを教えなかった。警備隊員から日本に行くことをこっそり聞き出したが具体的にどこに行くかやはり分からなかった。日本に行く前、私たちは日本人となんの契約書もかわしていない。

（五）日本への連行の状況　日本人は私たちを日本へ送ろうと、小林部隊から連行するときに、あの「八」の字ひげの日本人が責任者だった。塘沽で私たちに服を配るときに彼もいた。船に乗るときも彼が私たちを連れて行った。端島に着いた後でもやはり彼が私たちを管理していた。乗船前に、各人に棉織布と古着が支給された。途上の食料として各人半分の鍋餅（＊小麦粉等を焼いて作った厚さ三センチ・直径六〇センチくらいの大きな「餅」を持たされた。前日の晩に私たちは整列させられ、三菱の会社のひげを生やした男に連れられて東大沽へ移動していた。翌朝夜明け前に起こされ、東大沽から乗船した。船に乗るとき、両側には日本兵が立って監視し、私たちはその間を渡り板を通って船に乗せられた。船には「八」の字ひげの日本人や通訳の張（山東人）がいた。船に乗った後、体を縛っていた縄が解かれ、船倉から甲板に自由に出入りも出来た。船が海の入り口にさしかかった時、私が見ている前で、五人の中国人が海に飛び込んだ。一人は滄州の連鎮の人だった。帰国後に私は彼に会ったことがある。彼は海に飛び込んだ後、漁民に救助されたとのことであった。河口で五人が飛び込んでからは、二〇〇人余り全員が船倉に押し込められた。船倉の入り口を大きな帆布で覆って、甲板にあがれないようにした。船倉は、高さは三、四メートルあり階段が甲板まで続いていた。中には積荷のほかは何もなく、椅子さえなかった。船で最初は鍋餅を食べたが、後には船酔いで食べられなかった。日本人は米飯を出したが、生煮えで食べられなかった。四、五日航行した後、一人が死んだ。「八」の字ひげが私たちをみな集めさせて、整列すると弔いをするよう中国人を指揮し、死んだ人を筵で巻いて、海に投げ入れさせた。下関に着き、朝食後下船し、検疫を受けた。下関に着いた時、彼らは二年したら帰らせると言ったが仕事の内容とか給料のことについては全然言わなかった。検疫がすんでから同じ船に乗って端島に着いた。

端島の上陸門から島内居住区に抜ける地下道（2005年5月8日）

三　収容生活、強制労働

（一）下船して、ようやく着いたところが端島だと分かった。降りた後、集まりが開かれ、炭坑に着いたと分かった。私たちは船上で一度隊編成をされていたが、端島に着いてからまた、新たに隊編成がなされ、私は第三中隊の第二班に所属させられ、班長は滄州の人で胡柱三と言った。私の番号は七〇号だった。寮はどの部屋も人で一杯だった。私たちが住まわされたのは端島第六寮で、二階建ての小さな建物だった。ベッドはなく床に寝かされたが、床には畳にゴザが敷いてあった。第六寮の中に寮長と出入り口を監視する四人の警官がいた。ふだん外に出ることは許されず、他の寮棟へも気軽に行き来することは出来なかった。もし出て行き日本人に見つかると、理由も問わず引っ張られ殴られた。

（二）仕事を始める前に私たちを連れて炭坑を見させた。炭坑を見て戻って来てから、副大隊長に任命されていた人が、生死を顧みずに抵抗しようとし、薪を割る斧で通訳に切りかかる事件を起こした。通訳にはあたらず、出入り口を監視している警官を怪我させただけだった。私がその時思ったのは、副大隊長にされた人は、「通訳は炭坑に行かせると言っていなかったのに、結局私たちを炭坑に拉致した。これではここで死んでしまう。早く殺ってしまうにかぎる」と思って、そこで、まず通訳を先にやっつけてしまおうとしたのだろうということだった。この事件が起こったため、私たちを入坑させて働かせるのが、一日二日遅くなり、日本人は私たち全員を集めて集会を開いた。日本人はみな、誰がやったのか知らなかった。日本人はまず尋ねた。「これは誰がやったんだ」。どうやら一人ずつ順番に尋問していくつもりのようだった。このとき副大隊長がすっくと立ち上がった。「俺がやった。他の者は関係がない」と言った。日本人はすぐに副大隊長を縛り上げて連れ去った。日本が投降した後、私たちは副大隊長を返すよう要求したが、帰国する二、三日前にようやく戻されてきた。副大隊長はずっと被服工場で働かされていたという。副大隊長の苗字は鄭だったと覚えている。

（三）私たちが住まわされた寮は平地にあり、西の方に一棟、東の方に二棟あり、その一棟が炊事場だった。寮の外は広場だった。寮は板で作られ、窓もなくて、部屋の中ではものもはっきり見えない状態だった。階ごとに内廊下があり、廊下にそって小さな部屋が続いている。廊下は幅一メートル余りで、廊下の両端には昇降階段がある。建物は南北方向で、私が住まわされた部屋は西向きだった。一部屋に一班が入れられ、約七、八人で、一列に並んで寝かされた。建物に入るには靴をぬいで入り、

端島炭坑坑口建屋の廃墟（2005 年 5 月 8 日）

畳の上にゴザが敷いてあった。私たちの建物は西南の隅にあり、広場は海沿いだった。

（四）坑口は、北から入坑し、東には港があった。到着二日後、私たちは坑内を下見させられた。端島炭鉱には一つの竪坑と一つの斜坑があり、竪坑は石炭を上に運び出すのに、斜坑は坑夫の出入りに使われていた。はじめて入坑させられた時は、仕事はさせられず、監督が私たちを連れて、四五度の斜面に沿って炭坑の下まで歩いて、あちらこちらを見て、帰ってきて仕事の分担が決められた。翌日から仕事を始めさせられ、昼夜二交代で、それぞれの班が一二時間労働だった。私は、日本人が穿孔、発破をしたあとを掘進するのにつかされた。

（五）日本人は仕事のとき道具を自分では何も持たず、全部中国人に担がせた。ところが、日本語が分からないために、監督にどの道具をわたせと言われても分からないために、直ちに手渡さないと、監督は私たちを殴りつけた。手近にツルハシがあればツルハシで殴り、シャベルがあればシャベルで殴るといった具合で、みんないつも殴られていた。

（六）毎日どれだけ掘進するか数字が決められており、毎回およそ三メートルぐらいだった。しかし、順調だったら時間までに終わるが、うまくいかないときは、仕事がひける時間になっても終わらない。日本人の監督はいつも厳しく働かせた。仕事中も、なにかにつけ、理由が分からないまま、手当たり次第殴られた。

（七）端島に着いてから私たちは人間にふさわしい衣服をもらったことはない。日本に拉致する船中で、各人に半袖シャツ一枚と短ズボン一本と単衣一枚を配っただけだった。褌は月に一本だけだった。坑内で働かされる時、日本の鉱夫は作業服を与えられていたが、中国人には支給されていないために、褌ひとつで、わらじを履いているか、素足かであった。仕事をさせられてからは、毎日朝昼晩、一日三回の食事で、通常食はマントウ二個（一〇〇g程度）で、朝と晩は二碗の薄い粥のときもあった。昼食は朝からマントウを持っていって坑内で食べさせられた。ひもじいため、坑内に持っていくことになっているマントウは入坑前に食べてなくなってしまっていた。普段の食事に限っても、中国にいたときの我が家の食事の三分の一以下だった。日本人に味あわされた空腹の辛さは今でも忘れられない。端島は小さい島で、食べ物も飲み物もみな外から運んできていた。時には食料を運べないときもあり、台所にあるものだけですまさなければならないことがあった。時には、粥だったり、時には豆カス粥だったり、黒いマントウだったりした。長崎にはミカンの木が多く、中国の労工に何度かミカンを出したことがあるが、飢餓のために、みんな皮まで食べた。また、仕事の行き帰りの道端にミカンの皮が落ちていると、こっそり拾って帰り、洗って食べた。しかし、監督に見つかれば必ず殴られた。ある時、台所に一車の海藻が運ばれてきて、私は後ろから一掴み引き抜いた。これを日本人に見られて、警備室に連れて行かれ、さんざんビンタをくらい、口の中に血が噴き出した。

（八）ひもじさはとても苦しく、病気にかかっても休めば食事を半減されるので、言い出せなかった。気候風土になじまないため、多くの労工は下痢をしたが、日本人は治療もせず、食事も与えなかった。腹の病気は下痢を出せばよくなると言って、一碗のひまし油かあるいは半碗の瀉利塩《しゃりえん》（＊エプソム塩、下剤として用いる）を病人に与えた。これらはみな下剤で、先に腹を空にして後で食べさせると、中国人は身体がもともと虚弱になっていたので、このように痛めつけられると、病状は反対に重くなった。

（九）日本人は中国人を定期的に病院に行かせたが、ただ体重を量っただけであった。炊事係りから聞いた話では、中国人の体重が増えているか減っているか調べるためで、食料をぎりぎりまで減らす目的からのことであった。私が家にいたころ七〇kgはあった体重は、端島に拉致されてからは五〇kg位になってしまった。

四　その他

（一）一九四五年八月九日、アメリカが長崎に原子爆弾を投下した時、私たちは坑内で働かされていて知らなかった。停電となり、坑内は漆黒の闇に包まれた。エレベーターも停電で動かず、私たちは一体何が起きたのか分からないまま、必死に這い上がっていくしかなかった。坑底は深く、外に出るのに時間がかかり、みんなは空腹で力がなくなり、坑内で餓死してしまうかもしれないという状態の者もいた。地上の仲間たちが下にマントウを届けに来てくれたので、それを食べてからまた長い間這ってやっと上に登りきった。

（二）日本が降伏して間もなく、私たちはもう入坑を強要されなくなり、自由になった。日本敗北後も端島に二カ月くらい居残りさせられ、やっと帰国した。長崎から列車に乗って佐世保に着き、アメリカの輸送船で帰ったのである。私は帰国第六陣であった。中国の我が家に辿り着いたのは旧暦の一一月二日（新暦一二月六日）だった。

（三）端島を離れることが決まって、三菱は中国人に帰国費を支給すると言ってくれたのが小切手だった。一枚の白紙の上にいくつかの文字が書かれていたが、私のは八〇〇元余りの小切手だったと思う。小切手を配るとき、日本人の寮長と通訳がいた。通訳は「あなたたちはもうそろそろ帰国するので金をあげるが、ここでは使えない。だから、小切手を天津に銀行があるから、そこで換金するように」と言った。みんな早く帰りたい一心で言われるままに、小切手を貰う書類に拇印を押した覚えがある。天津の日本租界の銀行で換金できるとのことであった。その銀行を探したが、すでに撤収していて、金は受け取れなかった。

（四）帰国するとき、端島でシャツ、パンツ、黒い日本海軍服、皮の靴一足、靴下一足と毛布をもらった。北洋大学で私たちの受付をした国民党軍から兵隊になれと言われたが、兵隊にはなりたくなく家に帰りたかったので断り、列車で滄州へ帰った。日が暮れて家に着くと、両親は健在であったが、妻には会えなかった。母から妻は亡くなったと聞いた。結婚数カ月の時に私が引っ張っていかれ、妻は私のことを心配して病気になり死んだそうだ。わずか二二歳であった。一家は顔を合わせて泣くばかりだった。私が生きて帰れるとはとても思えなかったということだった。日本で一年余り過ごしたが、どんな名目でも、お金は一銭も貰っていない。多くの者が病気になり障害を負わされたり、そこで死んだ。

（五）生きて帰った私たちは、故郷に帰っても、日本に拉致された経歴、過去が中国社会で生きていくうえで重荷になり、苦しめられてきた。公然と日本に拉致、強制労働させられた過去を社会にさらすことが出来ない不幸に見舞われてきた。日本の誰にどのような方法で償いと謝罪を要求すれば良いのか知る術もなかった。その状況が長く続いた。変化が現れ始めたのは、長崎の高實さんや平野さんたちが、真相調査の活動のため、私たちとの接触をしてきてからである。

（六）私は、日本政府と企業が私たちに正義と人間の尊厳を回復し、中国の拉致受害労工に対して謝罪し、物質的、精神的に償うことを要求する。このような要求が出来ることを知ったのは、聯誼会を結成し、被告三菱マテリアルに真相調査の協力と補償を申し入れる活動をしたからである。私の人生も長くはない。この裁判で拉致の真相を明らかにし、正義を実現してほしいと毎日毎日思いを新たにしている。

（七）私は、李慶雲の存在を去年秋になって初めて知った。端島では同じ場所で収容生活を送らされ、同じ坑内で働かされたにも拘わらずである。これは、労工の日常的触れ合いがいかに抑圧されていたかを示す証拠である。

＊李之昌氏は、二〇〇四年一〇月五日、逝去された。

王樹芳氏〈日本国と三菱は、父を奪い、一家の生活を破壊した償いをせよ〉

一　原告と強制連行された者との関係

私は王樹芳と言い、捕虜労工王雲起の息子である。一九四一年六月一七日生まれの漢族で、高等小学校を卒業し、代々の居住地である中国河北省東光県灯明寺鎮西大呉村に住む農民である。

二　強制連行された者の状況

私の亡父王雲起は一九一四年三月二一日生まれで、師範学校を卒業して鍼灸もできたが、一九三八年革命軍に参加し、同年、中国共産党に入党した。捕まる前は村で教師を務めるとともに、東光県庁宣伝室幹事を兼任していた。一九四四年三月一五日の午後、県の李習村に駐在していた日本軍と漢奸が「掃討」を行った時、王雲起は灯明寺鎮後祁村の北で日本の憲兵に捕まえられた。そして、東光監獄へ監禁されて厳しい拷問に遭い、非人道的な苦難を受けた。

数日後、私の母方の祖父と母はまだ三歳の私を連れて同監獄を訪ね、父に会いに行った。捕まって数日しか経っていないにもかかわらず、父はすでに拷問で体をめちゃくちゃにされていた。牢獄の鉄格子を隔てて、父は傷だらけの手で私をなでた。家族は声も立てずに泣いた。これが、私と父との別れになろうとは思いもよらないことだった。半年後、我が家は日本から送られてきた葉書を受け取り、王雲起が日本に連行されたことをようやく知った。長崎にある絶海の孤島端島で石炭を掘る苦しい労働をさせられていたのだった。

一九四五年八月一五日、日本の侵略者が無条件降伏を宣言したので、私の全家族は王雲起が帰国することを待ち望んだ。ところが届いたのは訃報であった。生き残って帰国した労工の李慶雲と崔玉臣が、私の父はすでに三菱端島炭坑で殉難したことを伝えた。この知らせは一家にとって晴天の霹靂であり、私たちはひどい衝撃を受け悲痛のどん底に落とされた。李慶雲と崔玉臣は泣きながら説明した。彼らは父と一緒に日本の長崎の端島炭坑に強制連行され、海底で石炭を掘り、人身の自由は一切なく、毎日暗い炭坑で一日一二時間もの超重労働に従事させられた。しかも給料は一銭も支給されず、食べ物着る物という最低の生活さえできなかった。哀れな中国人労工は日本人の監督の竹刀と木刀の下でひどく辛い肉体労働をさせられ、非人間的な苦痛を受けたという。

可哀想な父は一九四五年一〇月六日、昼食後、労工たちと魚を焼いていたところ、突然昏倒し、人事不省となった。顔色が黒く青ざめ、口から泡を吐いて、中毒の症状を示した。その時、李慶雲をはじめとする労工たちは日本の炭鉱長に父を病院に運んで救急措置を取るように強く要求したが、それに答えず、取るべき措置を取らなかった。父は二時間あまり苦しんだ後、恨みを呑んで死んだとのことであった。炭鉱長のこのような非人道的行為は厳しく糾弾されるべきではないか。三二歳に過ぎなかった父は日本の三菱鉱業によって最後の一滴まで血を搾られ、命を奪われたのである。

三　残された原告らのその後の状況

父が捕らえられる前、父は村の教師で、七室あった部屋の家と約四ムー（＊約二六・六七アール）の耕地があり、家族は祖母、父、母と幼い私の四人だった。父の給料を加えて生活は比較的豊かであった。父がいなくなると父の教師の給料を失ったばかりか耕作もできなくなり、家族の生活はいきなり苦しい状態に陥った。しかも泣き面に蜂というべきで、日本軍はある時の「掃討」で、家中のすべての貴重品および二枚の貴重で古い絵を略奪したあげく放火し、七つの部屋は灰燼に帰した。家族はやむをえず近所の家の離れを借りて住んだ。夏は日光を遮蔽できないし、冬は寒さを防げない部屋であった。

年老いた祖母は突然襲った打撃に耐えられず、何も喉を通らなくなった。一日中涙で顔を濡らし、泣いてばかりいた。やがて両眼とも失明し、自分で自分の生活を処理できなくなった。全家族は私の母の機織りによって得られるわずかな収入に頼って生計を維持したが、まさに生死の境をさ迷う状態であった。

一九四五年一二月、私の伯父王潤章が塘沽から亡父の遺骨を家に持ち帰り、全家族は号泣した。母は悲しみのあまり何度も意識を失ったが、緊急救助によってやっと一命を保った。もともと病床に伏していた祖母は両眼を失明しているにもかかわらず涙を流した。その場にいた近所の者さえ泣きだして、泣き声は耳に震動し、天地ともに暗くなった。家庭は貧乏のために、一・五ムー（＊一〇アール）の土地を売って棺を買い、ようやく簡単に王雲起の遺骨を埋葬した。それから家庭の生活はさらに苦しい状況に追い込まれ、母一人の肩に重い負担がかかった。両目を失明している祖母は日々息子のことが忘れられず、半年後、絶望の中で世を去った。家はまた残った一ムー（＊六・六六七アール）の土地を売って祖母の葬儀をした。

四　原告の現在の状況

私と母は二人助け合って今日まで生きてきた。勤労かつ善良な母は昼も夜も糸を紡ぎ布を織り、やっとこの家を維持してきた。人民政府の配慮のおかげで私はようやく学校へ行くことができ、今日の状態に至った。

我が家の悲惨な境遇、血と涙の歴史は日本の侵略戦争が元凶である。私は第二次世界大戦中国人労工の遺族として、日本政府と三菱会社が労工たちを強制連行し使役し虐待した事実を認め、生存者及び遺族に公開して謝罪と賠償を行い、未払い賃金の支払いは勿論、与えた精神的、肉体的、家庭的損害を賠償するように強く要求する。また、歴史的悲劇を再び繰り返さないために、中国の河北省と日本の長崎にそれぞれ記念館を建設し、後世の人々に事実を教え、二度と再び歴史の悲劇を繰り返さないようにすることを要求する。

第三章　未知への照射

「端島資料」（端島・朝鮮人たちの死亡実態）とその解明

一九七四（昭和49）年四月二〇日、東シナ海に浮かぶ孤島、かつて「地獄の島」といわれた端島（軍艦島）は無人島となり、そのまま廃墟となった。露出炭が発見された一八一〇（文化7）年から一六四年の長きにわたって、近代日本の繁栄を支えてきた海底炭鉱は、今や〈記念碑的なしま〉に変貌してしまった。廃墟は年ごとに風化し、訪れる者は、瀬渡し船でやってくる釣りびと以外になく、島の荒廃は日ごとに加速度的であった。

そのとき、私たちは「端島資料」を発見した。一九二五（大正14）年から一九四五（昭和20）年に至る約二〇年間に同島で死亡した胎児、嬰児、幼児から老人までの全日本人、朝鮮人、中国人（この順位は人数の多い者から並べた）の死亡診断書、火葬認許証交付申請書である。これらを一見すれば、だれでもその悲惨な死を通して、当時の悲惨な生活を想像することができよう。

端島島内の廃屋と海（2005年5月8日）

彼らの死から六〇年～四〇年が経過し、今や人びとの遠い記憶の中には、彼らの喜びや悲しみ、怒りや嘆き、苦しみや痛みの痕跡が跡かたもなく消し去られているに違いない。

しかし、これらの膨大な書類――私たちはこれを「端島資料」と名づけた――を克明に検討するとき、かつてこの島に住み、生き、働き、そしてさまざまな状況のもとで死んでいった人びとの、私たちには知ることのできない「呻き声」が聞えてくるのだ。

特にいとしい家族から引き離されて、朝鮮から強制連行され、強制労働を強いられ、虐待、差別、圧制に明け暮れ、その果てにうらみをのんで死んでいった朝鮮人労働者、また中国人労働者たちの「呻き」が怨念としてよみがえってくるのを、ひしひしと感じる。

一ヘクタール一、四〇〇人を超える超過密度（長軸でたかだか四八〇m、幅一六〇m余の狭いスペース）で、納屋制度（タコ部屋）を主体とする底辺的生活を強要され、一九四三（昭和18）年からは一日一二時間以上の強制労働をおしつけられ、充分な食料も休養も与えられず、奴隷同様の明け暮れであったことは、容易に推察されるところである。

殺されたものの「呻き」――その未知の部分に私たちは良心の光を照射し、彼らはなぜ死なねばならなかったのか、なぜ殺されねばならなかったのか、彼らを連行し、彼らを虐待し、彼らを死なせ、殺したのはだれか、を明確にすることが私たちの責務であると考えた。それこそが、殺された彼らのためにも、そして何よりも、再び私たちが、彼らを殺さないためにも、絶対に必要なことでもある。

〈なぜ朝鮮人労働者たちが端島で強制労働させられたのか〉

〈なぜ日本人労働者にくらべて朝鮮人労働者・中国人労働者の〈変死〉が多いのか〉

私たちは「端島資料」からこれらについて根本的な問い直し、見直しをすることによって、日本帝国主義は、朝鮮人・中国人に対してどのような犯罪行為をおかしたのか、なぜそれをやったのか、を見抜く眼を与えられたのである。

死亡朝鮮人（一二三名）の出身地

慶尚南道（七七名）＝統営郡二名、蔚山郡二名、咸陽郡二名、固城郡二四名、金海郡七名、密陽郡三名、晋州郡一七名、山清郡一名、梁山郡六名、釜山府二名、泗川郡一名、晋陽郡五名、咸安郡二名、宜寧郡一名、居昌郡一名、その他一名

慶尚北道（一二名）＝慶州郡一名、迎日郡二名、星州郡一名、清道郡一名、金泉郡一名、慶山郡一

名、達城郡二名、大邱府一名、高霊郡二名
黄海道（四名）＝信川郡二名、信州郡一名、碧城郡一名
道不明（一名）
全羅南道（一一名）＝順天郡一名、咸平郡二名、木浦府三名、務安郡二名、谷城郡一名、済州島一
名、その他一名
全羅北道（二名）＝鎮安郡一名、金堤郡一名
忠清南道（三名）＝論山郡二名、舒州郡一名
忠清北道（五名）＝清州郡三名、忠州郡一名、堤川郡一名
江原道（五名）＝蔚珍郡三名、江陵郡一名、原州郡一名
京畿道（三名）＝江華郡一名、富川郡二名

朝鮮人の部

一　高い朝鮮人労働者の死亡率

一九二五（大正14）年から一九四五（昭和20）年までに端島で死亡したすべての人びとの「火葬認許証下附申請書」は一、二九六枚である。その内訳は、死産児（胎児）を含めて日本人一、一六二名（男

七四一名、女四二一名）。朝鮮人は（死産児を含めて）一二三名（男一一〇名、女一三名）、中国人（男）一五名である。

端島の人口についてはつぎの諸資料がある。

大阪朝日新聞一九一九（大正8）年一〇月一一日記載。「端島総人口三五〇〇人」

端島炭坑労働組合編集・発行「軍艦島――端島炭坑解散記念史」（一九七四年一月一日発行）

端島炭坑作業員数

年次	職員	礦員	計
一九四〇（昭和15）		一、六二二	一、六二二
一九四一（昭和16）	一二三	一、八一八	一、九四一
一九四二（昭和17）	一二六	一、九五〇	二、〇七六
一九四三（昭和18）	一三〇	二、一二二	二、二五二
一九四四（昭和19）	一五七	二、一五一	二、三〇八
一九四五（昭和20）	一六三	一、四三六	一、五九九
一九四六（昭和21）	一四八	一、七一七	一、八六五

高島町資料＝一九四五（昭和20）年端島人口四〇二二

一九七三（昭和48）年一〇月二五日付朝日新聞長崎版記載＝一九四三（昭和18）年、中国人捕虜来島――約二四〇人（＊中国人の連行は翌年六月であり、大多数は農民で、総数二〇四人であったことが判明し

端島（軍艦島）で死亡した全朝鮮人・中国人数
1925（大正 14）年～ 1945（昭和 20）年

年次 ＼ 区別		朝鮮人 男	朝鮮人 女	乳幼児（5歳以下） 男	乳幼児（5歳以下） 女	死産 男	死産 女	計	中国人 男	中国人 女	摘要
1925 年	大正 14 年	3	0	0	0	0	0	3	0	0	
1926 年	〃 15 年	5	0	0	0	0	0	5	0	0	
1927 年	昭和 2 年	3	2	0	0	0	0	5	0	0	
1928 年	〃 3 年	7	1	0	0	0	0	8	0	0	
1929 年	〃 4 年	3	0	0	0	0	0	3	0	0	
1930 年	〃 5 年	4	0	0	0	0	0	4	0	0	
1931 年	〃 6 年	1	0	0	0	0	0	1	0	0	「満州」侵略開始
1932 年	〃 7 年	1	0	0	0	0	0	1	0	0	
1933 年	〃 8 年	1	0	1	0	0	0	2	0	0	
1934 年	〃 9 年	2	0	1	0	1	0	4	0	0	
1935 年	〃 10 年	4	0	1	2	0	0	7	0	0	
1936 年	〃 11 年	3	0	1	1	0	0	5	0	0	
1937 年	〃 12 年	2	1	1	1	0	0	5	0	0	日中戦争勃発
1938 年	〃 13 年	4	0	0	0	1	0	5	0	0	
1939 年	〃 14 年	6	0	0	0	0	0	6	0	0	
1940 年	〃 15 年	6	1	0	2	0	0	9	0	0	
1941 年	〃 16 年	3	0	1	0	0	0	4	0	0	太平洋戦争開戦
1942 年	〃 17 年	3	0	2	0	0	0	5	0	0	
1943 年	〃 18 年	9	0	0	0	0	0	9	1	0	
1944 年	〃 19 年	12	0	2	0	1	0	15	8	0	
1945 年	〃 20 年	12	1	2	1	1	0	17	6	0	日本敗戦
計		94	6	12	7	4	0	123	15	0	
小計		123							15		
合計		138									

端島（軍艦島）で死亡した日本人数

1925（大正 14）年～ 1945（昭和 20）年

年次		男	女	計	死産			合計	摘要
					男	女	計		
1925 年	大正 14 年	33	11	44	0	0	0	44	
1926 年	〃 15 年	30	14	44	0	0	0	44	
1927 年	昭和 2 年	46	11	57	0	0	0	57	
1928 年	〃 3 年	29	16	45	4	1	5	50	
1929 年	〃 4 年	30	24	54	3	0	3	57	
1930 年	〃 5 年	34	20	54	4	0	4	58	
1931 年	〃 6 年	33	28	61	1	2	3	64	「満州」侵略開始
1932 年	〃 7 年	16	28	44	8	3	11	55	
1933 年	〃 8 年	29	21	50	1	0	1	51	
1934 年	〃 9 年	25	14	39	1	1	2	41	
1935 年	〃 10 年	41	20	61	3	2	5	66	
1936 年	〃 11 年	31	13	44	2	2	4	48	
1937 年	〃 12 年	20	27	47	2	1	3	50	日中戦争勃発
1938 年	〃 13 年	48	42	90	3	2	5	95	
1939 年	〃 14 年	23	22	45	1	6	7	52	
1940 年	〃 15 年	41	15	56	1	2	3	59	
1941 年	〃 16 年	39	17	56	1	3	4	60	太平洋戦争開戦
1942 年	〃 17 年	33	11	44	3	1	4	48	
1943 年	〃 18 年	28	11	39	4	1	5	44	
1944 年	〃 19 年	43	18	61	3	0	3	64	
1945 年	〃 20 年	42	11	53	2	0	2	55	日本敗戦
小計		694	394	1088	47	27	74	1162	
合計		1162							

人員能率および出炭量の変遷

年度別	二子坑				端島礦			
	出炭	人員		在籍礦員1人	出炭	人員		在籍礦員1人
	(t)	職員	礦員	1ヶ月能率(屯)	(t)	職員	礦員	1ヶ月能率(屯)
15					384,800		1,622	19.77
16	279,900	223	2,110	11.05	411,100	123	1,818	18.84
17	297,400	247	2,615	9.48	387,600	126	1,950	16.56
18	287,100	262	2,695	7.88	357,900	130	2,122	14.06
19	243,100	285	2,957	6.85	243,000	157	2,151	9.41
20	95,055	277	2,098	3.78	81,845	163	1,436	4.75
21	129,400	246	2,340	4.61	80,100	148	1,717	3.89
22	185,610	246	2,781	5.56	126,070	144	1,928	5.46
23	225,900	253	2,800	6.72	136,000	139	1,909	5.94
24	252,500	300	2,838	7.4	143,100	163	1,728	6.9
25	326,600	334	2,776	9.8	164,000	168	1,643	8.3
26	373,800	340	2,513	12.4	193,000	170	1,597	10.1
27	333,800	343	2,531	11.0	199,500	169	1,601	10.4
28	373,900	336	2,463	12.7	178,800	143	1,531	9.7
29	422,300	333	2,450	19.4	140,600	140	1,463	8.0
30	449,400	338	2,359	15.9	143,700	132	1,407	8.5
31	495,500	341	2,403	17.2	180,300	130	1,427	10.5
32	536,000	358	2,517	17.7	189,400	127	1,430	11.0
33	429,500	363	2,616	13.7	213,200	128	1,412	12.6
34	530,200	389	2,667	16.5	230,000	130	1,388	13.8
35	730,600	384	2,715	22.4	245,000	126	1,326	15.4
36	640,100	393	2.707	19.7	233,700	122	1,153	16.9
37	759,500	379	2.628	24.1	289,900	110	1,094	22.1
38	1,002,100	373	2,485	33.6	245,200	112	1,038	19.7
39	1,209,100	377	2,529	39.8	98,200	99	749	(22.4) (10.9)
40	1,272,400	367	2,573	41.3	176,400	77	600	(47.8) 24.5
41	1,212,000	355	2,729	37.0	327,500	79	625	43.6
42	1,210,000	356	2,657	37.9	269,700	85	663	33.7
43	1,161,000	370	2,618	36.9	319,300	87	646	41.2
44	1,115,143	347	2,509	37.3	310,495	84	590	43.8

45	1,044,057	332	2,369	37.7	277,901	78	534	43.4
46	979,277	320	2,344	35.4	296,517	72	518	47.7
47	1,008,300	286	1,528	41.8	350,120	64	499	58.5

註：昭和15年度より23年度迄は在籍礦員能率。昭和24年度以降実動礦員能率。端島礦(　)内39年度は変災前。40年度は生産再開後（下期）能率。端島炭坑労働組合編集・発行『軍艦島—端島炭坑解散記念史』（1974年1月発行）より転載。

ている)。同年朝鮮人労働者五〇〇人来島。

一九七四(昭和49)年四月二九日付長崎新聞記載＝一九四四(昭和19)年九月、朝鮮人労働者来島—約一〇〇人。

島内人口は、明治年間早くも二、七〇〇～二、八〇〇人に達しており、その後最盛期の一九四五(昭和20)年には五、三〇〇人になっている(閉山直前の一九七三(昭和48)年一二月でも人口は二、二〇〇人もあった。)

炭坑労働者は、一九四四(昭和19)年度を基準とすれば、日本人一、六〇三人、朝鮮人五〇〇人、中国人二〇五人(華北労工協会の指導一名を含む)となり、合計二、三〇八人。この比率は日本人〇・六九、朝鮮人〇・二二、中国人〇・〇九となる。

一九二五(大正14)年～一九四五(昭和20)年に至る全死亡者は日本人一、一六二人、朝鮮人一二三人、中国人一五人であるが、太平洋戦争が苛烈となり、石炭増産の至上命令が強権発動された一九四四(昭和19)年には、各人数(日本人一、六〇三人、朝鮮人五〇〇人、中国人二〇五人)に対する死亡率は、一五歳から六〇歳の男性で詳細に比較すれば、それぞれ一・九三%、二・四〇%、三・九〇%で、朝鮮人・中国人のほうが高く、特に中国人の場合は半年間の死亡率であることに注目する必要がある。また、太平洋戦争開戦翌年の一九四二(昭和17)年までは日本人の方が朝鮮人よりも高かったが、一九四三（昭和18）には日本人一・二四％、朝鮮人一・八〇％と完全に逆転していることが判明する。さらに、一九四五（昭和20）年には、日本人一・八一％に対し、朝鮮人は二・四〇％、中国人は三・〇五％と高く、しかもこの年は朝鮮人も中国人も秋までしか島にいなかったのである。

日本人死亡者数が大正年間から一九四五年の敗戦まで毎年五〇〜六〇人前後で一定しているが、朝鮮人の場合は、それまで毎年平均四・八人であったのに、一九四四（昭和19）年にはそれまでの三・一倍の一五名、一九四五（昭和20）年には三・五倍の一七名が死亡し、中国人は強制連行された一九四四（昭和19）年六月から二年連続して非常に高い死亡率を示している。

それは太平洋戦争下の炭坑は、日本帝国主義政府からきびしい増産命令を受け、炭鉱労働に不馴れな朝鮮人労働者、中国人労働者を資材不足の現場と採炭現場に送り込み、苛酷な増産態勢を強行したために生じたものであることを証明するのに充分である。

二　朝鮮人の死亡原因

①病死（六〇名）

発育不良二名、疫痢一名、消化不良（急性を含む）六名、脳水腫一名、直腸カタル（腸カタルを含む）三名、脳溢血二名、肝硬変症一名、肺浸潤一名、気管支カタル一名、気管支喘息一名、気管支炎兼喘息一名、気管支肺炎五名、先天性黴毒兼気管支炎一名、脚気兼腎臓炎一名、腸チフス疑似症一名、心臓麻痺（急性を含む）二名、肺結核一名、老衰一名、腸チフス一名、膿毒症二名、

赤痢疑似症一名、心臓性喘息一名、胆嚢炎一名、百日咳兼気管支肺炎一名、腎臓炎（急性を含む）二名、慢性腹膜炎兼腎臓炎一名、心臓弁膜症一名、膝関節炎兼膿毒症一名、破傷風一名、肺炎（急性を含む）五名、急性腹膜炎三名、胃癌一名、衝心性脚気一名、敗血症一名、死産四名

②事故死（変死）（六三名）

外傷ニ因スル肺損傷一名、外傷ニ因スル脳震盪症七名、外傷ニ因スル腹部内臓破裂二名、外傷ニ因スル脊髄損傷・麻痺二名、外傷ニ因スル急性腹膜炎一名、外傷ニ因スル心臓麻痺一名、外傷ニ因スル膿脊髄損傷一名、不詳一名、頭部打撲症一名、自殺一名、墜落ニ因スル膿震盪症一名、戦災ニ因スル火傷死一名、空襲ニ依ル死亡一名、変死一名、変死（頭蓋底骨折）（脳損傷）一名、変死（爆傷死）二名、溺死四名、圧死（埋没ニ因スルモノを含む）九名、窒息（埋没ニ因スルモノを含む）二四名

三　朝鮮人死亡原因の究明

①朝鮮人の死亡原因を調査すると、「病死」六〇名に比較して、「事故死」（変死）六三名であり、不慮の死を遂げた者のほうが多いことがわかる。

病死をした者の病名を見ると、ペニシリン、ストマイその他現代医学で普及されている医薬品を投与すれば治癒することのできた病気の多いことが注目される。当時の端島には病院も診察室もあり、医師も配置されていたが、すぐれた医薬品医療器具も不充分であり、手術室、病理検査室も整備され

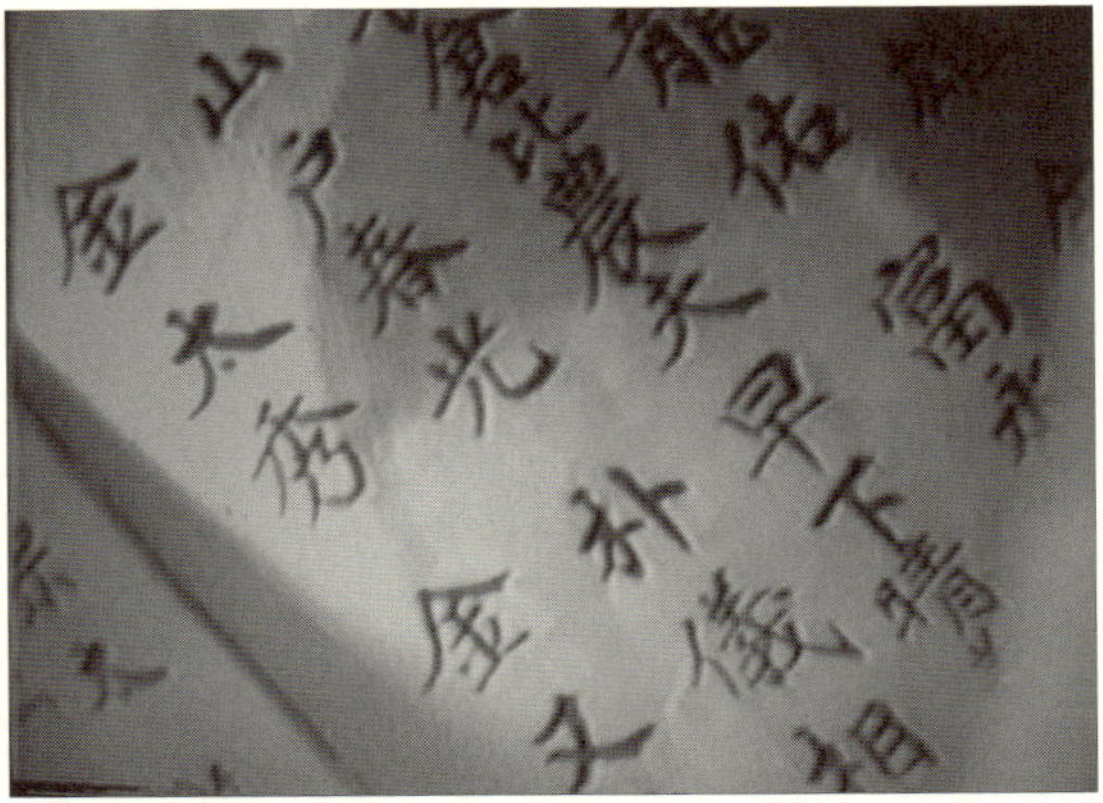

端島の遺骨を高島の千人塚に移すときに、朝鮮人の名前の位牌が見えた（1974年、NBC長崎放送「軍艦島が沈むとき」）

たものではなかったであろうと推察される。

　これらの病名は、日本人の「火葬認許証下附申請書」にも多数見受けられ、朝鮮人のみが罹患したものではないことは納得できるが、せっかく診断を受けても朝鮮人の場合は、充分な手当てを受けられず「放置同様」に処置された者も多かったものと想像できる。それは初期治療で治癒できるはずの病名――膿毒症、破傷風、急性消化不良、気管支肺炎、急性心臓麻痺などで死亡する朝鮮人が、日本人よりも比較的多いことが証明しているからである。医師も日本人・朝鮮人の区別なく平等に治療したと釈明するかも知れないが、これらの死亡朝鮮人の病名を詳細に日本人死亡者と比較検討したときに朝鮮人労働者とその家族たちが〈差別〉〈虐待〉されていたことが推察されるのである。

　つぎに「事故死」（変死）した朝鮮人たちの「死亡原因」を検討すると、あまりにも悲惨そのものであり、暗澹たる思いを禁じ得ない。

「事故死」中、最も多いのは「窒息」（埋没ニ因スルモノを含む）二四人。つぎは「圧死」（埋没ニ因スルモノを含む）九人。その他（外傷ニ因スルモノ）一五人。「変死」（頭蓋底骨折、脳損傷）二人。「墜落ニ因スルモノ」、「頭部打撲傷」各一人。「変死」（爆傷死）二人。——これらはすべて「炭坑事故（ガス爆発、発破事故、火災、落盤など）によるものであることは明白である。

一九三五（昭和10）年三月二六、二七日に起こった坑内大爆発では日本人「炭坑礦夫」一〇人、「会社員（技師）」一人、「会社員」五人が「変死（爆傷死）」という病名で死亡しているが、同日朝鮮人「炭坑礦夫」郭孝出さん（三五歳）、金丁斗さん（二五歳）の二人も「変死（爆傷死）」で死亡している。

ちなみに一九二五（大正14）年〜一九四五（昭和20）年に発生した「炭坑内事故」（火災、落盤、ガス爆発、発破事故、出水事故など）はつぎのようなものである。

一九二五（大正14）年二月二五日　崩壊
一九二五（同）年一二月一八日　発破事故
一九二六（大正15）年七月二九日　ガス
一九二七（昭和2）年五月二四日　ガス
一九二九（昭和4）年一月五日　出水
一九三五（昭和10）年三月二六日　爆発
一九三九（昭和14）年九月一三日　落盤
一九四〇（昭和15）年一〇月八日　ガス

一九四一（昭和16）年二月五日　落盤
一九四一（同）年五月一五日　落盤
一九四二（昭和17）年七月一四日　落盤
同　（同）年九月六日　ガス
同　（同）年一一月五日　落盤
一九四三（昭和18）年三月八日　ガス
同　（同）年五月一〇日　落盤
同　（同）年九月三〇日　落盤
一九四四（昭和19）年七月一一日　落盤
同　（同）年九月四日　落盤
同　（同）年一一月五日　落盤
同　（同）年一一月二三日　落盤
一九四五（昭和20）年四月四日　落盤

一九四三（昭和18）年六月、「第二竪坑ロープ切断事故発生」という、端島（軍艦島）年表にも記載される大事故が発生したが、そのとき、李又福（三一歳）、白川淳基（五三歳）両名が「埋没ニ因スル圧死」によって死亡している。だが、日本人労働者（坑夫たち）は一名の死亡者もなかった。安全衛生設備が不充分なきわめて危険な場所で、この両名が、「朝鮮人労働者」であるために強制労働させられていたという歴然たる事実がこれによって証明されるのだ。
鉱山、炭鉱災害発生の場合は、詳細な諸報告書を関係官庁に報告することが法律できめられていた。筑豊地方のある礦業所の場合は次のようなものであった。

鉱山災害事変届出方心得

一、鉱種、鉱区番号、鉱山名、鉱業権者又ハ鉱業代理人ノ氏名

二、災害ノ種類

三、災害発生年月日時

四、死傷者職名、氏名、年齢及ビ負傷程度
職名ハ業務別及ビ係員、鉱夫別モ明ラカニスルコト、半島人（注、当時朝鮮人のことをこのように呼称した）勤労報国隊ナルトキハ、其ノ旨記入スルコト
負傷程度ハ即死、負傷後死亡、重傷又ハ何日休業ノ見込ミト記入スルコト
死傷又ハ重傷者ト同時ニ負傷者モ生ジタル場合ハ、其ノ負傷者ニ付イテモ前条通リニ記スコト

五、災害箇所
何坑何卸何切羽若クハ斜坑、坑道等イカナル場所又ハ坑外ノイカナル場所ナルカヲ明記スルコト

六、災害ノ原因及ビ其ノ状況
原因ハ明瞭ニ記述スベク、若シ判明セザルトキハ其ノ原因ト推測スベキ事実ヲ記スコト

例へバ落盤ニ依ル災害事変ノ場合ハ、落盤ノ原因、鉱車脱線ノ原因等ヲ明瞭ニ記述スルコト
状況ハ災害発生ノ当時ノ現場ノ状況及ビ罹災者ノ作業状況並ビニ災害経過ヲ特ニ詳記スルコト

七、擔任係員職名氏名

災害発生現場擔任係員及ビ其ノ直接上層係員ニ付キ、何係（鉱業警察規則ニヨル届出係名）何某ト記スコト

八、擔任係員ノ災害発生前巡視時刻及ビ其ノ状況

災害発生現場擔任係員及ビ其ノ直接上席係員別ニ災害発生前巡視シタル時刻及ビ其ノ際ニ於ケル現場ノ状況、罹災者ノ作業状況及ビ係員ニ於テ何等カノ注意又ハ処置ヲ為シタルコトアレバ其ノ詳細ヲ記スコト

九、擔任係員ノ災害ニ対シテ執リタル処置

災害発生現場擔任係員及ビ其ノ直接上席係員ガ災害発生ヲ発見シタル際為シタル罹災者ノ救出救助災害現場、手當等ノ応急処置ヲ記スコト

一〇、技術管理者ノ災害ニ対シテ執リタル処置

技術管理者ガ災害発生ノ報告ヲ受ケタル際ニ其ノ災害ニ対シテ執リタル応急処置及ビ同一事変ノ再起ヲ予防スル為執リタル善後処置ヲ記スコト

一一、鉱業権者ノ災害ニ対シテ執リタル処置

鉱業権者（又ハ鉱業代理人）ガ災害ニ対シテ執リタル応急処置及ビ同一災害ノ再起ヲ予防スル為執リタル善後処置並ビニ施設方法ヲ記スコト

一二、鉱業権者ノ死傷者ニ対シテ執リタル処置
負傷者ニ対スル療養処置又ハ死体ノ処置ヲ記スコト
一三、災害状況ノ説明図ハ災害現場ノ見取図ヲ平面図及ビ正面図又ハ側面図ニテ表ハシ図中ニ罹災者ノ位置、罹災状況又ハ収容位置ヲ明示スルコト
①瓦斯又ハ炭塵爆発（燃焼モ含ム）ノ場合、爆発発生関係方面又ハ全坑ノ通気図
②坑内火災の場合
火災区域及ビ火災ニ対シテ施シタル密閉箇所ニ関係アル方面又ハ全坑ノ通気図
③坑内水害ノ場合
出水箇所ト断層或ハ海、河、池又ハ旧坑其ノ他トノ関係ヲ示セル図面、防水壁又ハ扉ヲ設ケル場合ニハ其ノ構造図及ビ位置ヲ示セル坑内図
④瓦斯中毒又ハ窒息ノ場合
災害発生方面ノ局部通気図
⑤運搬装置ニ於ケル鋼索切断ノ場合
鋼索切断箇所モ示セル図面
⑥機械ノ制限、動機其ノ他主要部分ノ破損シタル場合
破損箇所ノ見取図

実際に提出された同鉱業所の「災害事業報告」を見ると、その一件ごとの綴り込みは膨大な数量に

上り、そこに記述されている内容については実に詳細なものである。

この提出された報告に基づいて開かれる「災害審議会」報告の審議内容もきわめて詳細であり、質疑応答もまた詳細なものである。

そこで端島炭坑で発生した「災害事変」についても三菱鉱業において詳細な「報告書」等が提出されているはず。しかし、現物は三菱鉱業が保存しており、部外者には秘密扱いにされていると思われるが、朝鮮人の労働者は災害事故の場合は、どのようにして守られていたか、それを調査する方法がないのは、きわめて残念である。三菱は「公表」すべきである。

しかし「外傷ニ因スルモノ」一五人、「頭部打撲症」一人、「墜落ニ因スルモノ」一人、「変死（頭蓋底骨折、脳損傷など）」一人、「変死」一人、合計二〇人はほとんどすべて日本人労働者や監督たちによる私刑、リンチ、虐待、暴行によるものであると推定することもできる。そしてこの推定はほとんど誤っていないと確信する。当時朝鮮人たちは日本人から「犬、ねこ、ぶた、チャンコロ（中国人）、チョウセンジン」と蔑称され、〈人間並み〉の扱いをされていなかったからである。

「その日、労務係井手清美は労務詰所に帰ると、朝鮮人労働者李山興麟の作業着を脱がせた。李山の上半身を裸にすると、皮ベルトを取り上げて殴りつけた。そこへ朝鮮人寮全体の隊長である坂本光男がやって来た。井上清美は、坂本隊長に報告すると、交代勤務のため陽信寮を出て、炭住に帰った。その後、どういうリンチが労務係によって行なわれたか、彼自身は知らなかった。午後三時からの勤務に出て、はじめて李山興麟の死を知った。『あれくらいの殴り方はいつもしていたし、わしが殴ってから六時間後に死んだということが信じられんやった。指導員高山にようすを聞くと、あと番の連中が交代でしごいたらしか。あんまり激しく殴りつけたので、失禁状態になってタレ流しで糞尿だらけになった。坂本隊長が汚いからフロ場に連れていって洗えといった。指導員が二、三人で、ぐったりした李山を抱えて、ふろ場に投げ込んだんだ。無理に入れたので、心臓麻痺を起して死んでしまった。今さら、なんといって弁解したところで、死んでしまったわけですから仕方がございません』。

古河病院に運ばれてきた李山興麟の遺体は、まだあたたかく、人口呼吸を施したがよみがえらなかった。医師は、心臓麻痺と診断したが、リンチが死因であることは判然としていた（林えいだい著『強制連行、強制労働——筑豊朝鮮人坑夫の記録』、徳間書店、二三六ページ）。

筑豊炭坑の多数の実例を見れば、端島炭坑の死「外傷ニ因スルモノ」のほとんどはリンチによるものと推測することができる。

筑豊の古河大峰炭坑では、この李山のリンチ死亡によって、朝鮮人坑夫たちが暴動を起こしているが（前掲書、二三七〜二三九ページ）、絶海の孤島、端島坑では朝鮮人坑夫暴動の記録はない。しかし暴動の記録が存在しないということは、朝鮮人坑夫リンチ事件が絶無であるという説明にはならないであろう。

②「溺死」四人という数字も悲惨である。地獄の島、端島の昼夜強行の石炭増産の奴隷的作業のきびしさに耐えかねて、海中にとびこみ石炭箱やリンゴ箱の木片につかまり、対岸の野母半島高浜村付近の海岸を目ざして泳ぎ出したものの、力つき果てて溺死する者、捜索逮捕の手をふり切って海中深く没したものの溺死体となって浮かび上がった者、無念の思いを胸中に、なつかしい故郷、朝鮮を

遠く離れた異国の海、端島付近の海中で命を絶った彼らの悲憤を思いやるべきであろう。（日本人労働者もまた、この地獄の労働に耐えかねて島から脱走をはかり、海中にとびこんだものの、遂に志成らず「溺死した者」は、一九二五（大正14）年〜一九四五（昭和20）年までに、実に一三人という多数に上る（一九二六年一人、一九二八年一人、一九三八年二人、一九四一年四人、一九四二年二人、一九四三年二人、一九四五年一人）。

③「空襲による死亡」一人は、坑夫、坂本鳳日さん（二九歳）で、一九四五（昭和20）年八月九日、アメリカ空母の艦載機による低空射撃で死亡しているが、「病名不詳」の岩谷三龍さん（二五歳）も同日二〇時一七分に死亡しており、空襲による死亡と見るべきであろう。ただ、同日、「空襲ニ因スル死亡」（爆死）の日本人はF男（一二歳）のみであることから考えて同日の屋外作業には朝鮮人労務者のみを従事させ、日本人労務者は退避していたと考えるのが妥当であろう。ここにも朝鮮人蔑視、酷使、虐待の爪あとがある。

納得できないのは「戦災ニ因スル火傷死」一人は、坑夫、徐己得さん（三三歳）であり、日本敗戦後九日後の一九四五（昭和20）年八月二四日二〇時五分に死亡していることである。敗戦後の混乱のときであったとはいえ、「戦災ニ因スル火傷死」というのは、八月一五日以前の、「アメリカ空軍の空襲等によって被爆した」が、治療や手当てが充分になされず、傷口が化膿、腐敗のため敗戦後一〇日を経て死亡したものと想像される。これも悲惨な死である。

④女性、南只阿さん（本籍江原道蔚珍郡蔚珍面新林里二五五番地）（一九一一（明治44）年九月二七日生）は、一九三四（昭和9）年一〇月二六日二一時〇分に妊娠一〇カ月で男児を分娩（死産）しているが、その翌年の一九三五（昭和10）年三月二七日二一時二〇分には夫の郭孝出さん（一八九九（明治32）年四月一二日生）（炭鉱夫）を、「変死（爆傷死）」で失っている。二年連続で「火葬認許証下附申請」を行なっており、連続の悲劇を体験している。その悲惨な心情を思うとき、暗澹たる思いを禁じ得ない。

この年の三月二六日、二七日には炭坑内で大爆発があり、郭孝出さんのほかに、金丁斗さん（本籍慶尚南道固城郡介川面北坪里一九八番地）（一九〇九（明治42）年六月一六日生）（炭坑鉱夫）も同日「変死（爆傷死）」している（前述）。

⑤女性盧致善さん（本籍黄海道信川郡信川面武井里一九三番地）（一九一九（大正8）年一月一日生）は、戸主・盧錫俊さんの三女で、酌婦として働かされていたが、一九三七（昭和12）年六月二七日〇一時〇〇分ごろ「クレゾール服毒」、同日〇三時二〇分に一八歳の若さで死亡。同居者本田伊勢松さん（一八八三（明治16）年九月一七日生）から、同日付けで「火葬認許証下附申請書」が提出されている。

一八歳の朝鮮人酌婦の自殺。そこには隠された悲劇を見る思いである。売春を強要されたか、強姦されたか、望郷の念に耐えかねた厭世自殺なのか、一枚の「火葬認許証下附申請書」は何も語らないが、異国の土地の、東支那海に浮かぶ孤島「端島」で、みずからの命を絶たねばならなかった彼女の無念さを思うとき、だれでも同情の涙を禁じ得ないであろう。ここにも祖国朝鮮の土地も産業もすべてを略奪した日本帝国主義に対する〈怨念〉を感ぜざるを得ない。

中国人の部

一　中国人の死亡原因

①病死（一〇名）
腎臓炎兼肝硬変一名、膽嚢炎一名、マラリア気管支炎一名、敗血症一名、急性肺炎二名、慢性腸炎一名、心臓麻痺（急性を含む）三名
②事故死（変死）（五名）
頭蓋骨複雑骨折一名、熱射病ニ因スル心臓麻痺二名、圧死一名、埋没ニ因スル窒息一名

二　中国人死亡原因の究明

中国人の死もまた悲惨である。

「頭蓋骨複雑骨折」で一九四五（昭和20）年二月二四日に死亡した王玉蘭さん（二六歳）は、猛烈

な力で頭部を打撲されているが、リンチによるものか、高所からまっさかさまに落とされたものか、容易には想像をゆるさないが、残酷な死にざまである。本人の悲憤と痛恨の念を思うとき、万人ひとしくまことに暗澹たる思いにくれるであろう。

「熱射病ニ因スル心臓麻痺」二人は、一九四四（昭和19）年八月一七日一五時三〇分に死亡した坑夫、楊慧民さん（四〇歳）と、同日、同時刻に死亡した、坑夫、邢寶崑さん（二一歳）であるが、八月の炎天下で満足な休息も与えず、強制労働に従事させ、遂に死亡に至らしめたことは充分推測される。鬼のような日本人監督に酷使されていた、彼らの悲惨な姿が思い浮かぶようである。

「圧死」一人は、坑員、閻銘財さん（二八歳）であるが、一九四四（昭和19）年一〇月二九日二三時二〇分に死亡している。この人もまた炭坑内の深夜労働で酷使され、落盤または崩壊によって圧死したと推察される。

また「埋没ニ因スル窒息」一人は、李明五さん（二一歳）であり、一九四三（昭和18）年七月一三日〇八時〇〇分に死亡しているが、炭坑内での夜間労働中、落盤または崩壊による埋没で死亡したものであろう（＊他の中国人死亡者と同様、李氏も本籍不詳とされているため中国人とみなされるが、中国人強制連行は翌年六月であることから、李氏は朝鮮人である可能性も残る）。

いずれも炭坑内でも危険できびしい夜間労働に酷使され、事故に遭っても救援する者もなく、充分な手当ても受けられず、万斛のうらみをのんで死んでいったものであろう。

なお、「心臓麻痺」一人、「急性心臓麻痺」二人もまた、普段から心臓の病気を持つ虚弱な体を酷使させられて、遂に頓死したものと推測されるが、苛酷な奴隷労働が、彼らを死に追いやったことは確実である。

日本人の部

①日本人の死亡原因の中で注目されるのは「自殺」がある。一九二七（昭和2）年縊死一人、一九二八（昭和3）年縊死一人、一九三〇（昭和5）年入水自殺一人、一九三五（昭和10）年縊死一人、一九三七（昭和12）年昇汞の服毒一人、一九三九（昭和14）年縊死一人、一九四〇（昭和15）年縊死二人、一九四五（昭和20）年縊死一人、合計九名。人口密度の高い、絶海の孤島でのきびしい戦時中の生活は、生きる力を喪失させたものか、いずれも青年、壮年であることに心が痛む。

つぎに注意をひくのは、せまい島内での伝染病の流行とその死亡である。腸チフス（疑似症を含む）六二名、赤痢疑似症一名、肺結核七三名、脳膜炎二二名に及ぶ。

②端島における「原子爆弾による災害死」（八月九日）は、Y男（八歳）、Y女（二八歳）、Y男（一四歳）の三名のみであるが、いずれも死亡年月日は九月四日となっている。恐らく、長崎市まで出かけていき、被爆後帰島して、それで死亡したか、あるいは長崎市の焼跡から身内の者が死体を発見して島へ持ち帰り、死亡診断書を書いてもらった日付けが八月九日となった、ということであろう。

③日本人女性Eさん（一九一三（大正2）年八月二〇日生）（看護婦）は、一九三七（昭和12）年四月二八日一四時一五分、二三歳の若さで、「昇汞ノ服毒」で自殺している。

（「原爆と朝鮮人」第四集、五九～八二ページ、執筆＝岡正治、補注・加筆＝高實康稔）

第四章　端島の呻き声
端島（軍艦島）炭坑と朝鮮人労働者

歴史

一　「端島」炭坑の歴史

今や無人島の端島。遠く見れば戦艦「土佐」に似ているとかで「軍艦島」の異名をもつこの小島は、長崎港の沖合いに浮かぶ島々の、とりわけ小さな一つの島にすぎない。周囲わずか一・二キロメートル。それを高さ一〇メートル余のコンクリートの防波堤がとり囲み、島全体に高低のビルが所狭しと林立する様は、まさしく軍艦さながらの不気味な「緑なき島」である。

釣り人が無心に糸を垂れるだけの廃墟と化したこの異様な島を見て、人々はいま何を思うであろう

端島の桟橋跡と釣り人（2005年5月25日）

か。黒ずんだ傷だらけの体を深い沈黙で包み、語りかける元気さえ失せたかに見えるこの端島の、廃墟から、海底から、虐待され、虐殺された朝鮮人の呻き声が果たして聞えてくるであろうか。それはその名の如く取るに足りない〝端の島〟として、そこに住んだことでもない限り、ほとんど何の感慨も与えないかも知れない。しかし端島はそのような不当な境遇を何よりも悲しみ、海より深い沈黙で小さい体いっぱいに抗議し続けてきたように、私にはみえる。

そして、ついに今、端島は沈黙の壁の一角を破ったのである。「端島資料」の発見は単なる歴史の偶然の出来事ではなく、忘れられることを許さない端島の内なる悲しみと苦しみが、堪えきれない怒りとなって溶岩の如くあふれ出たもののように思えてならない。

この「資料」の詳細な分析・考察という最も重要な部分については、第三章「未知への照射

――『端島資料』とその解明」を精読していただきたい。ここでは端島炭坑九〇年の歴史がもつ意味、苦渋に満ちた端島が私たちに問いかけてくるものは何かを考えてみたい。

端島における石炭の発見は、隣島の高島より約九〇年遅い一八一〇年ごろとされているが、炭坑としては一八八三（明治16）年、佐賀藩深堀領主鍋島氏が採掘を始め、一八九〇（明治23）年には早くも財閥三菱の所有に帰し、以来一九七四（昭和49）年の閉山までずっと三菱のヤマであった。すなわち端島は、地理的にも歴史的にも高島の延長線上に位置する三菱鉱業傘下の炭坑であった。

埋立により原姿の二・八倍に拡大されたとはいえ、軍艦にたとえられる小島（面積〇・一平方キロメートル）に変わりはなく、そこに一九四五（昭和20）年には五、三〇〇人もの人々が居住した超過密ぶりこそ特筆すべきものである。因みに、町村合併一九五五（昭和30）年で高島町に編入されて、高島は人口密度日本一の町となった（「原爆と朝鮮人」第二集六六～六九ページ参照）。

その後、石炭の切捨て政策による業界不況については人のよく知るところであり、端島も閉山の嵐を避けることはできなかった。

炭坑九〇年の歴史上、この島を故郷とする人々も当然ながら存在しており、閉山という終幕のもつ意味は重大であるに違いない。しかし、増産につぐ増産にかり立てられて、日夜、海底での重労働に耐えた労働者の記録こそ端島の歴史の核心である。とりわけ戦時中命がけで働かされた労働者たち、中でも「人的資源」として牛馬のように酷使された朝鮮人、中国人の炭坑の内と外での日常こそ、端島の嘆きの最もいたいたしい部分といわなければならない。だが、閉山の悲劇は語り継がれようとも、高島・端島は「鬼が島」「地獄島」と恐れられたこの暗黒の生活史を、どれほど人々が知り、また知りたいと願うであろうか。

（「原爆と朝鮮人」第四集三三～三四ページ、執筆＝高實康稔）

二　高島炭坑（高島、二子島、中ノ島、端島）

大正初期から一九四五（昭和20）年の太平洋戦争日本敗戦に至るまでの、三菱鉱業中、「高島炭坑」における操業の推移を概括的に取りまとめると、つぎのようなものになる（「三菱鉱業社史」三九七～四〇二ページを参考とする）。

高島炭坑

高島炭坑はその鉱区が大部分海底にわたっており、その中に「高島」「二子島」「中ノ島」「端島」が点在するので、それらの島を足掛かりに採掘が行なわれていた。なお一九三七（昭和12）年当時の鉱区面積は約八〇二万坪であった。

高島および端島の主要炭層は高島、二子島方面では一八尺層、胡麻層、端島では上八尺層、胡麻五尺層、磐砥五尺層、一二尺層、一丈層であり、その方向はほぼ南北で西に傾斜し、その角度は高島二〇度前後、二子島二五度前後、端島三〇～五〇度であった。

また炭質は、各層共粘結性で発熱量が高く、硫黄・燐の含有量が少ないという最高級炭であった。用途としては、塊炭は船舶の焚料、粉炭はコークス用、ガス発生炉用、煉炭用、セメント用等に広く使用されていた。

一九一八（大正7）年三菱鉱業が営業を開始した時点での高島炭坑は、高島坑、二子坑、端島坑の三坑によって操業していた。ここで相互に関連の深い高島坑、二子坑の両坑と、これと独立して別個の発展をたどった端島坑とに分けてそのあらましを述べる。

高島坑、二子坑

まず高島坑については、すでに高島の下部を掘り尽くしていたので、一九〇一（明治34）年蛎瀬立坑を開さくして高島北西部の海底下を採掘した。

一方中ノ島下部および中ノ島、高島間の炭層が有望視されたので、一九〇七（明治40）年七月二子島において二子斜坑の開さくに着手し、一九一三（大正2）年二子坑として操業を開始したが、同坑の出炭は次第に上昇し、一九二五（大正14）年には約一一万トンを上げた。なお高島坑は採掘条件の制約を受け、一九二三（大正12）年八月操業を休止するに至った。もともと高島と二子島とは海で隔てられており、しけの日には渡し船が絶えるので、連絡、通勤等には非常に苦心が多かったが、一九二〇（大正9）年七月には築堤と埋立てによって両島は完全に接続し、それまでの不便が解消されたのである。

昭和に入って、二子坑は南部三卸、四卸、一昇と主要坑道を延長しながら、次第に奥部および深部へ発展していく一方、一九二九（昭和4）年から一九三三（昭和8）年にかけて坑内外で機械化を中心とした操業の合理化を推進して、一九三三（昭和8）年には出炭約二二万トンを上げた。

この操業合理化は省力化による能率増進を目的としたものであったが、そのうちの主要項目は、主要坑道の盤下方式採用、払面長の増大、主要・片盤坑道運搬の機械化（馬匹廃止）、二子坑蒸気巻の電気巻への変更、送配電の電圧アップ、坑内照明の電化（エンジン型安全灯採用）等であった。

その後、石炭業界の本格的景気回復に伴って、高島の深部残炭区域採掘のため同島仲山に斜坑を開さくし、一九三八（昭和13）年四月より高島新坑として操業を開始した。しかし、そのころ二子坑は坑内で断層や炭層の焼化した区域に逢着して、全く行き詰まりの状況になっていたが、一九三九（昭和14）年に通気不良やメタンガス多量の悪条件を克服して、一本延びの採炭坑道の掘進を強行した結果、従来絶望視されていた蛎瀬区域の深部に当たる六卸および七卸区域に優良炭層が展開していることが確認され、その後の二子坑開発の基礎が確立された。

そこで一九三九（昭和14）年に通気および入坑のため蛎瀬立坑の改修および追掘（三七五m）工事に着手し、一九四二（昭和17）年に完成したが、これによって坑内通気状況が一段と改善された。

太平洋戦争下の二子坑と高島新坑は、他の炭坑同様きびしい出炭増加の要請を受け、外国人労務者（注、朝鮮人および中国人）の受け入れ等により増産に努めたので、一九四二（昭和17）年には三九二、五〇〇トンを上げて、戦前の最高記録となった。なお一九四二（昭和17）年九月における在籍労務者は二、九六三人、うち坑内夫は二、〇二一人であった。

しかし、資材・食糧の不足等もあって、出炭は次第に低下し、特に一九四五（昭和20）年七月三一日、八月一日の両日にわたるアメリカ空軍の爆撃（B29、八〇機侵入）によって、発電所等が被害を受け、遂に操業停止のやむなきに至った。その際、高島新坑は坑内満水となり、そのまま廃坑となった。

端島坑

一九一八（大正7）年ごろの端島坑は、第二・第三両立坑によって操業していたが、新たに発見された一二尺層を採掘するため、一九一九（大正8）年一〇月第四立坑の開さくに着手し、一九三九（昭和14）年五月に稼働を開始した。一方その間に、採炭技術面で大きな進歩があり、盤下坑道方式と硬持ち込み充填法による長壁式採炭法が確立されたので、一九二五（大正14）年の出炭は二〇万トンを越えて、社内でも中堅炭坑として脚光を浴びるようになった。

昭和初期においては、端島坑は、年産二〇万トン台の出炭を続けたが、採掘切羽が次第に深部へ移行したため、一九三〇（昭和5）年七月に従来の第二立坑を深さ六三六mまで延長するための立坑掘さく工事に着手した。同時に坑内外諸施設の合理化、拡張工事を開始した。一九三四（昭和9）年五月にその掘さく工事は終了した。その後関連施設も逐次完成して、ここに新たな操作の基盤が築かれた。

そして一九三六（昭和11）年九月に、第二立坑が本格的に稼働を開始した。それ以後、端島坑は再び順調な発展を遂げ、一九四一（昭和16）年度には出炭四一一、一〇〇トンという同坑最高の実績をあげることになる。

なお一九四一（昭和16）年一二月における在籍労務者数は一、八二六人、うち坑内夫は一、四二〇人であった。

しかし太平洋戦争下に入って、端島坑は二子坑と同様の経過をたどって、出炭は次第に低下した。一九四五（昭和20）年には「二子坑爆撃」による停電のため、端島坑も全坑道水没という重大な事態となった。だが端島坑全員の努力によって、辛うじて復旧することができた。

三菱鉱業は、いわゆる「スクラップ・アンド・ビルド」方針を推進する中で、一九六九（昭和44）年度より実施の第四次石炭政策の方針によって、同年五月、石炭部門を分離、九州および北海道の両地区に所在する事業所を包括する二つの子会社、すなわち三菱高島炭鉱株式会社と三菱大夕張炭礦株式会社を設立した。同年九月、石炭部門の分離が通産省から正式に許可され、同年一〇月高島は新会社として発足することとなった。その後、新会社は、経営基盤の安定確立をはかるため一九七三（昭和48）年一二月合併を行ない、三菱石炭鉱業株式会社として新発足した。これにより高島炭礦は、三菱石炭鉱業株式会社高島礦業所として現在に至っている（＊一九八六年閉山、八八年撤退）。

一方、端島礦は、先に端島沖区域が採炭調査の結果、稼行不可能の見通しとなったため、三つ瀬区域の残炭量採掘をもって閉山することを決定した。ここに一八九〇（明治23）年三菱が継承して以来、八四年間にわたり「軍艦島」の名称で親しまれてきた端島礦は、一九七四（昭和49）年一月遂に「天寿を全うして」その幕を閉じるに至ったのである。端島礦閉山に伴い、約一〇〇〇人の職・礦員が高島に配転となったが、その他は全国に散っていった。

（「原爆と朝鮮人」第四集、三四〜三七ページ、執筆＝岡正治）

三菱鉱業の労務者管理の実態

明治期においては、職員―雇傭員―労務者という形態をとっていたが、学歴差による序列（高等教育修了者―中等教育修了者―小学校教育修了者以下に照応する雇用形態）をとっていた。①使用人（本社辞令）―②傭員（場所限り）―③雇人―④鉱夫（甲種鉱夫、乙種鉱夫）。①は高等教育修了者、②は中等教育修了者、③④は小学校教育修了者以下の学歴者が一般的には対応していた。本社は①については直接に、また②についてはその労働諸条件取扱いの基準を①に準ずることによって間接的にこれらを管理し、他方③（雑務、監督、小頭等）以下については、原則的として各炭坑にその管理を委ねた。

大正前期には、三菱合資は一九一六（大正5）年一一月に「従来雇人ニ対シ使用来タリタル雑務、監督、小頭等ノ名称ヲ廃シ一様ニ傭使補ト称ス」（「三菱合資会社社誌」）とした。だが、三菱鉱業は、その設立後の一九一九（大正8）年三月に、人事に関する用語改正を行ない、①を正員、また②を准員と呼称することになったので、従業員の序列はつぎの通りとなり、次期以降の原型となった。

正員―准員―準准員―鉱夫（甲種鉱夫、乙種鉱夫）（注、雇人を準准員と呼称するのは次期以降であるが便宜使用。なお、「傭使補」は役員として残されている）。

一九一六（大正5）年一一月に準准員（役名は傭使補）が雇人の名称変更によって発足したが、「傭使補ハアル場合ハ役員（注、職員のこと）ニ準ジ、アル場合ハ鉱夫ニ準ズル一個ノ中間階級トナリ、

端島炭坑従業員の集合写真（1974年、NBC長崎放送「軍艦島が沈むとき」）

取扱上諸種ノ問題ヲ惹起スルノミナラズ、可成此種中間階級ヲ減少スルコトハ事務簡捷上極メテ必要ノ事」（一九一九（大正８）年秋「場所長会議議事録」）とされていた。そのため一九二〇（大正９）年ごろから合理化の一環として、この整理が取り上げられた。しかし、旧坑内小頭等は大正後期には坑内法定係員として発破、ガス検定業務に従事しており、また旧世話方は納屋制度の改革との関連があって、一挙に廃止することは困難な実情にあったので（美唄、大夕張、芦別炭坑等）、一九二二（大正11）年以降は自然消滅の方針が確定し、昭和期に問題を持ち越した。だが一九三五（昭和10）年八月に全面的に廃止されたのである。

　なお、納屋制度の改革問題については、概略つぎの通りである。

「高島炭坑問題」を契機として、納屋頭の中間搾取排除が懸案となった高島炭坑では、一八九七（明治30）年という早い時期に納屋制度の廃止、直轄制度への移行を実施していた。しかしその他の炭坑については、ただちに高島の事例を適用させることはできず、筑豊の諸炭坑では依然として納屋制度は残存していた。しかし労働保護立法の前進、生産設備の機械化に伴う技術者の雇用増加、家族持ち坑夫の増加、そしてこの時期の経営合理化の進行は、最終的な解決を求めてきた。一九一四（大正3）年の三菱合資「労働者取扱方ニ関スル調査報告書」（長岡報告といわれるもの）では、鯰田炭坑の実態は第一坑と第三坑が納屋制度で、第四坑と第五坑では世話方鉱夫制度と直轄制度が採用されていた。

つまり三つの制度が混在していた。形態の古い順から、その実態を比較する。

①納屋制度

イ、納屋頭の身分と職責

身分は雇人で、所属坑夫の管理全般を担当した。つまりすべて炭坑係の指揮に従って、採炭、修繕等の坑夫を繰り出し、納屋頭またはその配下の人操りが構所内で坑夫の稼業を督励し、また納屋に住み込んだ配下の身元保証の責任を負ってこれを取り締まった。

ロ、募集

自費で坑夫を募集した。

ハ、受持坑夫数

制限を設けなかった。

ニ、賃金

制限を設けなかった。

ホ、物品販売

定価で販売した。

②世話方鉱夫制度

イ、世話方の身分と職責

身分は雇人（小頭格）で、取締係に属していた。取締係および坑務係の監督の下に坑夫の雇入れおよび繰り込みその他一切の世話を行なった。

ロ、募集

会社は世話方に募集費の賃金を行なった。

ハ、受持坑夫数

一五〇人とするが、一定の条件の下に増員が許された。

ニ、賃金

坑夫に対する直接貸付けは会社の許可を要した。なお返済は会社が賃金から引き去り、世話方に交付した。

ホ、物品販売

直接、間接を問わず、厳禁した。

ヘ、賃金支払い

会社が坑夫に直接支払った。

③直轄鉱夫制度

イ、職制

会社は専任の取締係員と繰込方を任命し、取締係主任がこれを指揮、監督した。

ロ、総代坑夫

直轄坑夫の居住する納屋を適当に区画して組を作り、各組に総代一人を置いた。総代坑夫は取締係員の監督の下に坑夫に対する命令の伝達、督励および共済に従事した。総代は毎年六月、一二月の二回、その成績に応じて毎年五円の手当てが支給され、また家屋修善料等が免除された。

ハ、募集

周旋人が行なった。

以上が鯰田炭坑の例であるが、この段階における納屋制度は、かつての納屋制度とは異なり、かなり会社の監督下にあり、また世話方制度はその中間とはいえ、複雑なルールがあり、直轄制度も完全な直轄制度とは異なる存在であった。このように各制度が混在していた。

この納屋制度の改善と廃止については一九一六（大正5）年場所長会議において、まず「従来使用セル納屋ナル名称ヲ廃シ、社宅ト称スルコト」が決議された。また三菱合資木村専務理事から「役員ト鉱夫トノ接触ヲ密ニシ、鉱夫ノ心理状態ヲ知ルニ努メ」るように特に要望があった。

さらに米騒動後の一九一八（大正7）年一一月五日から開かれた場所長会議においては、つぎの通り協議され、この問題の解決に一歩を踏み出したが、これも米騒動がきっかけとなっている。

第一、納屋制度ヲ廃シ漸次直営制度ニ改ムルコト。鉱夫取扱上、後者ハ前者ニ比シ、左記ノ如キ便利アルベキヤト思ハル。

①納屋制度ニ在リテハ納屋頭ガ鉱夫ト会社トノ中間ニ立ッテ、双方ニ巧言ヲ弄シ意思ノ疎通ヲ妨グルノ弊アルノミナラズ、甚ダシキハ暗ニ鉱夫ヲ使嗾シテ会社ニ対シ不穏ノ行為ニ出デシメ、之ヲ機会ニ賃金値上、米価引下等ノ問題ヲ解決セント試ミタル実例過般ノ騒動ニ際シテモ一、二アリタルヤニ認メラレル。

納屋制度ニ代フルニ直営制度ヲ以テセバ斯ル弊害ヲ除去シ得ベキニ似タリ。

②直営制度ノ方、会社ト鉱夫トノ意思ヲ疎通シ、且ツ彼等ノ実情ヲ知悉スルニ便アラン。

③直営制度ノ方、幾分鉱夫ノ団結力ヲ殺ギ、禍ヲ未然ニ防グニ便ナラン。

④直営制度ノ方、中間ニ立ッテ利スル一階級ヲ除キ鉱夫ノ収得ヲ増加シ、又貯蓄心ヲ奨励シ、従ッテ彼等ノ移動ヲ防グ便アラン。尚社内・社外ノ実例ニ徴スルニ夫ノ異動ノ如キモ直営制度ノ方、納屋制度ニ比シ其成績佳良ナルヤニ認メラル。

第二、略

第三、役員ト鉱夫トノ間常ニ意思ノ疎通ヲ計リ苟モ疎隔ナキヲ期スルコト、而シテソノ方法トシテハ

①直営制度ノ実施

②鉱夫総代ノ任命又ハ選挙

③取締係（鉱夫係）ノ人選（炭坑ニ於テハ何レモ特ニ鉱夫取締係ノ役員アリ（略）

④其他鉱夫不幸等ノ場合ニハ係員ヲシテ慰問セシムル如キ又平常鉱夫ニ対シ言語・態度ヲ慎シムコト

第四、略

第五、稼業ノ方法諸種ノ手続等ニ関シテハ実害ナキ限リ可成リ鉱夫ノ希望ヲ容ルルコト（過般ノ相知、芳谷ニ於ケル騒擾ノ際、鉱夫側要求事項中此ノ種ノ性質ノモノ多々アリ）。

このようにして納屋制度は、筑豊礦業所各炭坑が一九二九（昭和4）年一月、飯塚が同年八月、美唄が翌年九月と、漸次廃止された。

なお北海道の炭鉱では納屋とはいわず飯場と称していた。また鉱山における飯場制度は、一九三〇（昭和5）年一二月の生野、明延を皮切りとして漸次廃止の方向となった。

以上のような経過をたどって労務者は直轄となり、現代に近い形態となって来た。一九三四（昭和9）年二月一日に本店ではつぎの会社関係労務者分類基準を制定して、まずその整理を行なった。

①会社と雇用関係あるもの

イ、在籍労務者

（イ）鉱夫または職工

（ロ）準鉱夫または準職工（助手、その他）

ロ、イ以外の者

（イ）試用
（ロ）臨時夫
（ハ）その他
②会社と雇用関係のないもの
イ、直接会社事業に携わる者
（イ）会社が使役する請負人
（ロ）請負人配下夫
ロ、間接に会社事業に携わる者
（イ）購買会・健康保険組合・協和会事業等に雇用される者
（ロ）舎主等に使用される者

一九三五（昭和10）年八月に懸案の準准員（傭使補）廃止が行なわれ、従業員は職員（正員と准員）と労務者との二大階層に大別されるに至った。

④管理組織

三菱鉱業の炭坑における労務組織の起源は「炭坑取締係」である。炭坑取締係は、「作業上以外ニ於ケル鉱夫ノ取締並ビニ其ノ家族ノ監督・指導」（一九一九（大正8）年三月「鉱夫係主任会議議事録」）をその職責としていた。

例えば、高島炭坑では従来「坑外取締係」が設けられていたが、一九〇八（明治41）年になって、まず二子坑の建物の所管が定められ、諸雇人および坑夫社宅は坑外取締係の所管となり、ついで同年蛎瀬坑も同様となった。

さらに一九一一（明治44）年一二月二日、坑外取締係は「取締係」と改称され、着到事務をも所管することになる。一九一六（大正5）年五月二日には「取締主任」が置かれて、二子、蛎瀬、端島の三坑を総括するようになる。そして一九一九（大正8）年一一月一日取締係は「労務係」と改称された。それは、場所長会議の決定にもとづいて、社内各炭坑とも、炭坑取締係を「労務係」と改称したのである。

つぎに一九二〇（大正9）年、三菱本店に「労務係」が設けられた。

同年四月二七日、従来便宜的に仮称していた本店総務課の「鉱夫係」は、正式に「労務係」と改められ、平沢幹氏が初代総務課労務主任となった。

また労務担当面への大学卒業者の配置は大分遅れ、一九二五（大正14）年五月生野鉱山に初めて「労務係」が設けられ、つづいて吉岡鉱山、一九二六（大正15）年には尾去沢・荒川両鉱山等にも同様労務係が設けられ、一九二九（昭和4）年ごろ佐渡鉱山が最後となった。

鉱山は飯場制度（部屋主）の力が強く、また旧来の慣習に親しむ空気もあって、会社としては「本店から命令的な公翰を一本出せば形式的にはそれでできようが、そのようなことでは後の運用がまずい」という配慮から機会を見て次第に「労務係」を設置していったからである。

当時、平沢幹は労務管理の理念について、つぎのように述べている。「労務は私的企業体にあっても一種の公務的なもの。換言すると、公共的性格を帯びる仕事と見ている。すなわち、労務は労働者とか経営者とかの味方というのではなくて、産業の味方という立場にあると考えている。そして従業員の力（労働）の役立ちを十分ならしめ、企業の役立ちも全からしめる。任分本領そこにあり、そのゆえに人を安んじ、業を昌んならしめる。すなわち「安人昌業」を目して労務を役立たしめ、産業協力者としての本義を遂げさせる。そのための世話、面倒に任ずることにほかならない。この労務観から「安人昌業」を具現する二本の柱が、従業員団体と労務組織である。換言すれば、労働者の能率をいかにして適切、最高度に発揮させるか、その産業協力者たる本分をいかにして十分遂げしむるか、それが真の労務のねらいである」（平沢幹談「労務問題について」）。この理念は、三菱鉱業で後世の労務担当者に受けつがれていった。

本店の労務係では、初期には所管事項の事務基準が未制定であったため、新たに「労務問題調査項目」を作成し、調査研究の傍ら「場所労務係」の執務の参考に供していた。

その後「労務係事務基準ニ係ル件」が一九二七（昭和2）年一二月一四日全場所に通達された。つまり「労務者団体ノ運用ト労務統制トハ、労務ニ関スル我ガ社ノ二大方策ニシテ『労務基準』ハ前年場所長会議ニ於テ指示セル処ヲ具体化シ、労務統制管理上準拠スベキ統一的基準ヲ示シタモノナリ、克ク其ノ主旨ヲ体シ、基準ノ実行ニ努メラレ度シ」というものであった。

この二大方策は、平沢幹の労務管理の理念にもとづくものであるが、大正から昭和初期にかけて逐次実施に移されていった。

また労務統制についてまず必要なことは、労務担当者の教育である、との考えから、個人的指導に努めるとともに、団体的訓育をも実施した。すなわち本店で各場所の担当職員の集合教育を行ない、現場でも労務係員講習会を開催した。

大正末期に本店で作成し、各場所で実施された「労務係外勤勤務者必携」の中の「第一の心得」の項においても「労務係は、淳厚なる人心、堅実なる社風作興の本源なり。ことに外勤勤務者は直接労務者に親しみ、それが教養の重大なる責務を有す。すなわち常に厳に一身を持し、もって一山の儀表たるを期すべし」と、掲げている。

また一般労務者に対する教育として、新入炭坑の例をとれば、常識学校を開設して、入坑前の一定時間に短時間ながら毎日継続的に教育を行なったが、これは繰込学校などとも称された。このことは一般労務者の教養を高め、また意思の疎通をはかる上に効果をあげた。

つぎに労務者団体の運用については、労務者の教養向上と団体的訓練のため、在郷軍人会、青年団等の活用をはかったが、第一次世界大戦後の労働界の風潮から、会社としても労務者団体の組成を進め、一九一八〜一九（大正7〜8）年ごろから各炭坑に逐次労務者団体が組織され、また各鉱山でもやや遅れて組織された。たとえば炭坑では高島・美唄の親和会（唐津の協励会、芦別の協和会、方城・古賀山の青年修養会等、鉱山では尾去沢の共益会、生野の共栄会、佐渡の麗水会、槇峯の尚和会等）である。

これらの労務者団体の運用に当たっては、会社は誠意をもって本来の目的である労使協調、意思疎通の機関としての機能を十分発揮させることに努めた。たとえば日常の諸問題について労務者から具体的な提案を行なわせ、十分話合いの上問題化しないうちに迅速に処理していった。

なお労務者団体は、その後一九三二（昭和7）年に協和会に名称統一し、労使協調機関としての形が完成され、また会社の福利厚生施策もこの労務二大方策の中で形成されていった。

その後労務の重要性が高まってきたので、一九三四（昭和9）年三月二二日付けで従前の総務部労務係が昇格して「労務部」が新設された（初代労務部長は、村上伸雄常務の兼務で、部員は一三名。副長平沢幹は一九三六（昭和11）年三月二五日に専任の労務部長に就任した）。

一九三六（昭和11）年八月二二日には、労務係、福祉係、庶務係という部内事務分掌体制がととのい、一九三七（昭和12）年七月一八日さらに「現務係」が新設された。「場所労務係」が名実伴った労務係となるため、本店の方針に従って、各場所とも労務者の直接的管理機構としての「詰所制度」を新設し、当該係員の充実に努力を傾けた。「詰所制度」の実態は、記録によれば「詰所員（区長以下ノ労務係員）ガ鉱夫ト生活ヲ共ニシ、其ノ慶弔禍福ニ心カラ祝福同情スル等、鉱夫生活中ニ心身共ニ透徹シ、鉱夫ノ良キ父トナリ兄トナリ、従ッテ又鉱夫並ビニ其ノ家族ガ『我等ノ詰所』トシテ所員ヲ慈父ノ如ク慕イ、両者ノ心渾然融合一致スル」にあった。

その後、一九三七（昭和12）年日中戦争の拡大に伴う国民精神総動員、産業報国会、労務動員体制の進展という時局に相応するため、一九四〇（昭和15）年六月一日「労務部」と職制が改正され、従来の係制を課制に変更し、庶務係を廃止して「整理課」を新設した。

さらに一九四〇（昭和15）年九月一日に「場所職制」が改正され、各場所の労務係は原則として「労務課」となった。

その後、一九四一（昭和16）年以降の太平洋戦争の進展に伴い、「勤労報国」思想が登場した上、未熟練労務者の「練成」教育が課題となってきたこと等の諸事情から、一九四四（昭和19）年七月一日に本店職制の一部が改正されて、従前の労務部が勤労部と改められた。そして各場所の労務課および労務係も「勤労課」および「勤労係」と改称された。

⑤賃金体系の整備

明治後期から大正初期にかけての賃金体系はつぎのようなものであった。

賃金　基本的賃金（定額制、請負制）
時間外割増賃金
出勤奨励賞与
勤続奨励賞与
現物給与

一方、大正後期には「長壁式採炭法」が確立した結果、採炭夫の賃金決定方式は従前の組単位から切羽単位に変化するなど、社会および技術の変遷に伴い修正され、次第に近代的な賃金体系に整備されることになった。

初代初期における賃金体系はおおむねつぎのようになった。

給与　賃金　基本賃金（基準内賃金）　定額制、請負制

早出残業時間割賃金・同割増賃金（基準外賃金のうちの時間外手当）
夜勤割増賃金（基準外賃金のうちの深夜業手当）
休日割増賃金（基準外賃金のうちの休日労働手当）
臨時的給与
期末賞与
退職手当

（注）（ ）内は太平洋戦争後の慣用語法による。

なお一九四二（昭和17）年四月に、家族手当が初めて支給され、そのほか臨時手当、増産手当等も設けられた。

ここで体系整備の過程を略述すればつぎのとおりである。

①期末賞与、退職手当の制定

一九一七（大正6）年度場所長会議において会社的立場から検討された結果「炭坑鉱夫勤労賞与規定」が制定され、翌一九一八（大正7）年一月一日より実施された。すなわち、大正前期では、後年の退職手当に相当する内容は定められているが、いまだに独立の「退職手当制度」は出現しておらず、「勤続奨励賞与」として取り扱われていたのであった。

さらに一九二五（大正14）年には高島と筑豊から、人員整理と労働争議を予想して「独立の退職手当内規」を制定したいという提案があり、一九二六（大正15）年秋の場所長会議を経て「労務者退職手当内規」が制定され、一九二七（昭和2）年一月一日から実施された。この規定が三菱鉱業における「労務者退職手当制度」の原型となった。

なお「労務者退職手当内規」を実施すると同時に、従前の「炭坑鉱夫勤労賞与規定」を「労務者勤労賞与規定」と改称し、内容も一部改正して一九二七（昭和2）年一月一日実施された。

②現物給与（安米制度）の廃止

「安米制度」とは、主食である米の価格が賃金等に影響するところが大きいことに着眼し、労務者の生活安定をはかるため、会社が実施する米の原価供給または会社補給にもとづく低米価施策を指すものである。これはもともと金属鉱山から始まり、明治期に入って逐次炭鉱に普及した制度である。

（『三菱鉱業社史』二九九～三〇七ページを参考とした）

（「原爆と朝鮮人」第四集、三八～四五ページ、執筆＝岡正治）

朝鮮人強制労働の実態

長崎市周辺の炭鉱の島々を一年がかりで調査した後、「原爆と朝鮮人」第二集を発行した一九八三年七月の時点で、私たちは、日本の敗戦前後端島で強制労働させられていた朝鮮人および中国人捕虜たちは約七五〇名と推定している（朝鮮人五〇〇名、中国人二五〇名）（＊後の調査により、中国人は二〇四名と判明し、また捕虜よりも農民が大半であったことも判明した)。

故郷の土地を日本人に奪われ、やむなく流浪の旅に出て、この端島の地底に職を求めた朝鮮人の歴史は大正時代にさかのぼるが、五〇〇名の多数に至ったのは、一九三九(昭和14)年に当初は「募集」の名目で開始された、いわゆる強制連行によるものであった。「募集」といおうと「官斡旋」といおうと強制連行に変わりはなく、最後には徴用令(一九四四年)を敷いて「朝鮮人狩り」を強行した結果である。

証言者は言う、「朝鮮人も〈勤労奉仕隊〉いうて五百人くらい来とった。わたしも朝鮮へボッシュウ(募集)にいったよ。朝鮮総督府で三町ぐらい割り当ててもろうて、一町から四、五〇人出させた。まあ、強制たい」と(前掲書七七ページ)。私たちの調査に貴重な証言を寄せられた徐正雨氏は若干一四歳でこの島に連行され、「徴用といっても、突然の強制であり、手当たり次第の強制連行と同じです。お分かりでしょう、一四歳といえば、今の中学二年生ですよ。おじさんは、仕事手がなくなるので強く反対しましたが、相手は問答無用でした」と語っている(同七〇ページ)。

そして流浪の果てに来た人も、強制連行の人々も、いったん足を踏み入れたからには、ここはもう絶対に逃げ出せない「監獄島」であった。「家族呼び寄せたともおる。しかし、島から外へは出さんかった」「端島の道はこの一本道だけです。この一本道を毎日通いながら、堤防の上から遠く朝鮮の方を見て、何度海に飛び込んで死のうと思ったか知れません。どうですか、この白く砕ける波、あのころと少しも違いません。仲間のうち自殺した者や、高浜へ泳いで逃げようとして溺れ死んだ者など、四、五〇人はいます」「たまりかねて泳いで逃げようとする者、――『ケツ割り』と呼ばれた、脱走を試みる人も、しばしばあった。高島が一番近いのだが、そこは同じ三菱のヤマ。逃げるには野母半島を目ざすほかない。だが、すぐ目の前に見えても、潮流に阻まれる。津代次さんも、ケツ割りに失敗しておぼれかかった男を船で助けたことがある。しかし、水死を免れても、脱走未遂は、納屋頭と呼ばれた、今でいう寮長から半殺しの目にあわされることを覚悟しなければならなかった」（以上、同六九〜八〇ページ参照）。

その上、極めて低劣な衣食住の条件下、言語を絶する危険な重労働、差別待遇とリンチにあけくれる毎日であった。「私たち朝鮮人は、この角の、隅の二階建てと四階建ての建物に入れられました。一人一畳にも満たない狭い部屋に七、八人いっしょでした。外見はモルタルや鉄筋ですが、中はボロボロでした」「私たちは唐米袋《とうまいぶくろ》のような服を与えられて、到着の翌日から働かされました」「この海の下が炭坑です。エレベーターで立坑を地中深く降り、下は石炭がどんどん運ばれて広いものですが、掘さく場となると、うつぶせで掘るしかない狭さで、暑くて、苦しくて、疲労のあまり眠くなり、ガスもたまりますし、それに一方では落盤の危険もあるしで、このままでは生きて帰れないと思いました。落盤で月に四、五人は死んでいったでしょう。今のような、安全を考えた炭坑では全然ないですよ。死体は端島のそばの中ノ島で焼かれました。今も、そのときのカマがあるはずです。こんな重労働に、食事は豆カス八〇％、玄米二〇％のめしと、いわしを丸だきにして潰したものがおかずで、私は毎日のように下痢して、激しく衰弱しました。それでも仕事を休もうものなら、監督が来て、ほら、そこの診療所が当時は管理事務所でしたから、そこへ連れて行って、リンチを受けました。どんなにきつくても『はい、働きに行きます』と言うまで殴られました。『勝手はデキン』と何度聞かされたことでしょう」「中国人、朝鮮人は日ごろ、差別されとったもんな。自給用の牛やヤギをつぶしても、頭や骨しか回さんし。戦時中の炭鉱の厳しさは、軍隊なんか問題にならん。泳いで逃げようとして、おぼれ死ぬとが年に四、五人おったよ。外勤はいわば、炭鉱の私設警察たい。いうこと聞かんとはみな、外勤本部へ連れて行きよった」「敗戦が近づき、男手も少なくなると、中国人の捕虜や朝鮮人が大ぜい連れて来られた。日本人坑夫の住んでいるところからは離れたところにまとめてほうり込まれていたが、狭い島のことである。今でも、津代次さんは、その人たちの叫ぶとも泣くともつかぬ悲しい声が耳に残っている。一度だけ声のするへやをのぞいたことがある。多分まだ、はたち前と見えた、朝鮮人の若い男が正座させられ、ひざの上に大きな石をのせられていた」「寮に入れられ一日二交代の重労働。労務係の監視がきびしく、疲れて仕事に出なかったり、家族への手紙に島の実情を書いたりすると、すぐに連れて行かれた。労務事務所前の広場で、手を縛られたままの朝鮮人を三人の労務係が交代で軍用の皮バンドでなぐった。意識を失うと海水を頭から浴びせて、地下室におしこめ、翌日から働かせた。一日二、三人がこうしたリンチを受けていた。屋外でやったのは私たちへの見せしめのつもりだ。とても口では話せないぐらいひどいリンチだった」(以上、同)。

こうして、ついに端島は原爆の閃光とキノコ雲を遮蔽物なき海上の彼方から直視し、日本降伏の報に接するのであるが、ここにおいてなお忘れえぬ日本人の醜い姿がある。それは外勤係の夜逃げの事実である。「終戦は八月一五日の夜八時か九時かに、外勤本部に電話で知らせて来よった。みんなに知られちゃいかん、いうてな。わしらがヤケ酒飲みよったら、高島から社船が来てな、中国人と朝鮮人担当の係員をその晩のうちに、端島から避難させたよ。わしらが右往左往しよったんで、中国人も気付いたっちゃろ、声を合わせて〈マンセイ、マンセイ〉と夜中まで叫び声がひびいた」「敗戦後間もなく、この人たちは本国に帰ったらしい。彼らをいじめた会社の外勤係は、敗戦ときくと、報復をおそれていち早く身を隠したという」(同)。

朝鮮人労働者に関する証言

一　僧は言う「覚えていない」と……

戦前・戦中の端島の朝鮮人労働者について証言してくれる人は少ない。島しょ部の調査中、私たちの得た証言者は、被爆の語り部でもあり、身近な人である徐正雨氏ただ一人であった。新聞・雑誌等のいわば文献調査にも頼らざるを得なかったが、その意味でも今回の「端島資料」発見の意義は極めて大きいわけである。

一九八三年七月、「原爆と朝鮮人」第二集の発行後、前述の「海難者無縁仏之碑」の存在が一高校教師から知らされ(＊「原爆と朝鮮人」第三集、四四ページ参照)、調査の糸をたぐるうちに旧役場職員二名の証言にたどりついたのであった。そしてこの証言の中で、端島の中央部にあった泉福寺という寺の住職を捜しあてて尋ねれば、軍艦島の死亡者などについて「よく知っておられることと思います」と、住職の氏名の紹介を受けた。同氏の現住所を別のふとした機会に知るに及び、有力な証言者

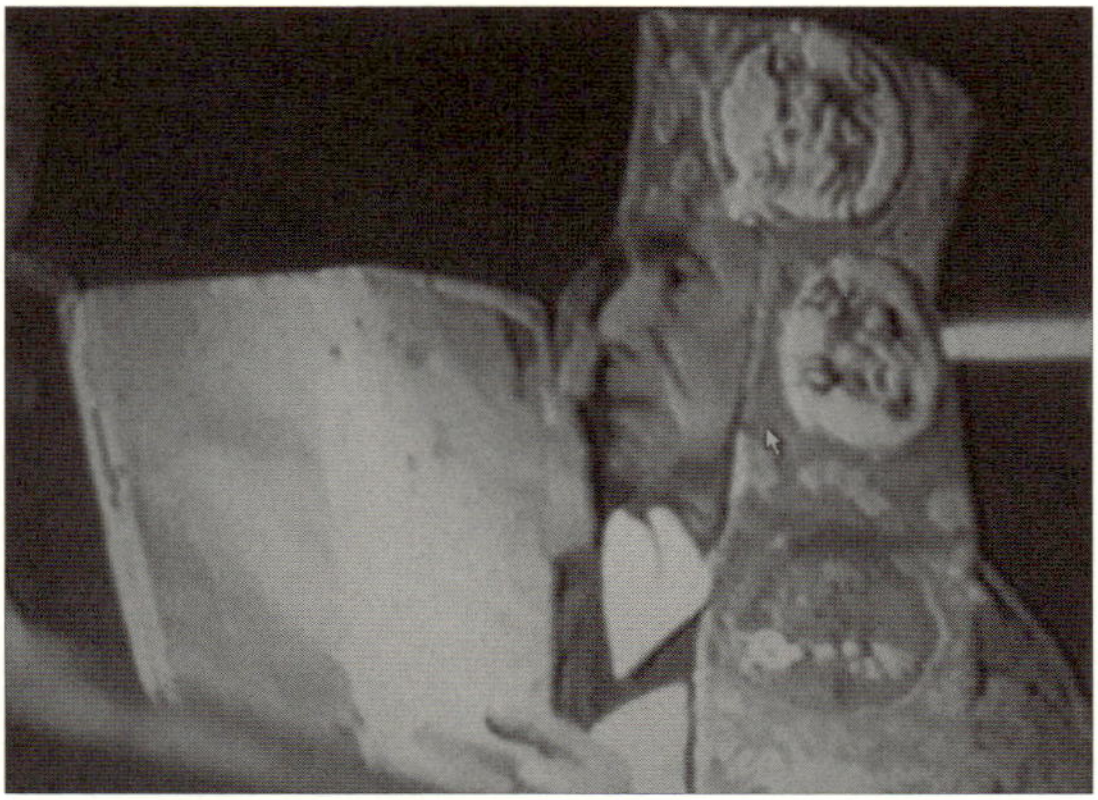

端島の遺骨を高島の千人塚に移送するにあたり、読経する泉福寺住職（1974年、NBC長崎放送「軍艦島が沈むとき」）

として、真実を知りたい一心の期待をこめて会員が証言の依頼に赴いたが、元住職の記憶の中には、朝鮮人は存在していなかった。

「朝鮮人は見ましたが、話すこともなく埋葬したこともなく、別に覚えていることはありません。逃げようとして海に跳び込んで亡くなった話も聞きませんでしたよ」（『原爆と朝鮮人』第三集、三〇ページ）。

私は高齢（証言当時八二歳）のこの僧侶が証言の依頼に応じて下さったことに感謝を惜しむものではなく、ましてや氏の名誉を毀損する気持なんぞ毛頭ないのである。しかし、「会社が作った」寺に一九二九（昭和4）年から端島鉱閉山まで四五年間も住職として居住し、忘れえぬことなどこもごもと語られた氏にして、朝鮮人のことは「別に覚えていることはありません」という証言、そして「埋葬したこともない」という証言に、ハッとするものを覚えるのである。

旧高浜村職員の示唆とはくい違うものの、同氏ならずとも朝鮮人のことをよく記憶している日本人はそうざらにいるものではない。それがすなわち日本であり日本人であるともいえよう。しかし、

「埋葬したこともない」というのはどういうことなのであろうか。今回の「端島資料」は、端島で死亡した大正時代からの朝鮮人老若男女の、それもおびただしい数にのぼる火葬の事実を暴露している。「埋葬したこともない」のであれば、「狭い島ですから、戦前・戦後を通じてお墓はありませんでした。中ノ島や高島で骨を焼いて、遺族の人の郷里にひきとってもらいました」（同二九ページ）というのは、日本人、朝鮮人を問わず引き取り手のあった遺骨はよいとして、では引き取り手のなかった遺骨の場合、どこでどのような扱いを受けたのであろうか。野良仕事中の若者を無理やり連行するようなことをしておきながら、遺骨だけは丁重に縁者のもとへ還したなどとは、恐らく日本中のどこを探しても到底ありえないことであろう。真実はなお闇の中というほかはないのである。

二　政府・地方自治体・企業の責任

いわれなき朝鮮侵略の結果、朝鮮民族が受けたあらゆる被害に対して、第一義的に責任を負うべきはいうまでもなく日本政府である。日韓基本条約（一九六五年）によってすべて決着ずみという政府の態度は、露骨な南北分断政策であるのみか、まさしく日本の西端、端島の実態が象徴するように、一人が一つしか持たない命を虐待、虐殺した責任を何ら果たすものではない。敗戦直後の国家権力による証拠隠滅は、それ自体反省されることもなく、今もって消し難い根性として生き続けているといわざるをえない。日本政府は、強制連行や内外朝鮮人被爆者の実態調査すらしていないのである。

しかし、いみじくも「端島資料」が証すように、地方自治体（県・市町村）は各種の行政資料をみずから所有しておきながら、朝鮮人の被害に対しては差別的もしくは無為無策の態度を貫き、統計的にさえ人的、物的被害の実相を究明してこなかった。地方自治体とて、無責任さにおいて政府と同罪である。

さらには業界・企業の責任逃れがこれに加わる。端島についていえば、それは三菱鉱業である。国家権力と産業界が結託して年度ごとの強制連行者数を決定し、各企業に送り込んだのであるが、石炭業界の「人的資源」確保の動きは、鉱山、土建業と並んで最も早く、太平洋戦争開始前から既に始まっていた。連行が国家権力による強制であるならば、渡日後の日々の強制労働と生活は、企業と行政・警察機関、協和関係団体などの緊密な連携による監視のもとに置かれた。

企業と国家・行政権力は一体であり、企業に残された朝鮮人労働者に関する資料は実に膨大な量に達したに相違ない。にも拘わらず、あれほどまでに朝鮮人を酷使した企業の一つだに、自己の所有する資料・記録の公開や自主的な調査・分析によって、自らの責任を問うたというような話は聞いたためしがない。結局、企業も戦前と同様、朝鮮人の被害を闇から闇へ葬ったことになる。

なかんずく戦争とともに成長してきた三菱重工業は、戦争の推進力そのものであり、ついには原爆攻撃目標となって広島・長崎の住民を死の巻き添えにした日本最大の軍需廠であり、戦争犯罪企業であった。財閥解体によって責任を免れうるようなものでは断じてありえない。

日本の敗戦当時、徴用工を含む従業員数約三六万人というマンモス企業であった三菱重工業が、当時、長崎市とその周辺にあった傘下の工場や炭鉱において強制労働に従事させていた朝鮮人は、私たちの調査結果（現時点）によれば一三、一五八名を数え、その内訳は三菱造船関係六、三五〇名、三菱製鋼関係六七五名、三菱兵器製作所二、一三三名、三菱鉱業高島炭坑三、五〇〇名、そして同端島炭鉱五〇〇名である。

これらの朝鮮人労働者に関して、戦後の三菱重工業が内部資料の公開に踏み切る気配はない。三菱重工広島造船所関係の「未払賃金名簿」を含む一括供託書類が、広島法務局に供託されているにすぎない。これとても決して主体的な意思に基づくものではなく、後述の如く遺族や生存者およびその支援団体の追及の前に、「政府が動けば三菱も考える」という政府依存、責任転嫁の姿勢を崩さないまま、やむなく供託に及んだものである。強制連行し、虐待し、あまつさえ原爆の犠牲者、難破船の犠牲者を生み出したことに対する法的、人道的責任の微塵も自覚していないというべきである。現に、いま再び国家権力と歩調を合わせ、日本最大の兵器生産を年々増強している隠しえぬ姿がある。そして、それを許してしまっているのも、いま再び私たち自身であることに気づかない訳にはいかない。

朝鮮人徴用工およびかれらの原爆被害に関する三菱重工長崎造船所の姿勢はどうかといえば、私たちにとって忘れることのできない一つの事件を説明するだけで十分であろう。それは、その造船所内において作業中に被爆した徐正雨氏が、朝鮮人被爆者記録映画「世界の人へ」（盛善吉監督、一九八一年）に証言者として登場すべく、被爆地点までの入構許可を申し入れた際、造船所側が入構を拒否した事件である。監督、撮影スタッフとともに同所を訪れた徐氏や広島朝鮮人被爆者協議会会長李実根氏らを前に、三菱は、行政当局（県・市）の要請があれば考慮する場合があるとしながらも、「その種のご要望に対してはすべてお断りすることにいたしております」と、全く思いもよらない返答をくり返したのである。一四歳の身で船体のカシメ打ちに従事させられていたれっきとした元従業員徐氏に対して、慇懃無礼を絵にかいたような唐突の拒否宣言であった。

この折衝の場面は録画されて「世界の人へ」の一コマとなったが、製作の目的、証言の趣旨を必死に力説する徐氏の燃えるような視線は、やがて言葉の無力さに怒りとも悲しみともつかぬやるせない視線へと沈んでいった。こんな見るにたえない眼差しを氏に強いる権利の一かけらも三菱にあろうわけはない。あるのは朝鮮人に対する不変の黙殺・虐殺の「論理」だけである。

ちょうど八・九原水禁世界大会を控えて、数日前には、オランダ人捕虜として同所で被爆したジャーゲン＝オンケン氏が、造船所構内で報道陣のビデオカメラを前に被爆証言をし、大きく放映されたばかりであった。当然のように三菱に対する抗議行動が巻き起こり、私たちも積極的にそれに参加したのであるが、行政当局・長崎市を通しての再要請を実現するために、市長の理解と協力を求める運動が大きな盛りあがりをみせた。

本島等長崎市長はこの記録映画の製作に賛同を表明した一人であり、また「平和」「核兵器廃絶」「被爆者援護」を強く市民にアピールしてきたが、三菱への入構許可を市長として要請する行為にはついに踏み切らなかった。「他家の台所に文句をつけるようなことはできない」というのが拒絶の一貫した理由であった。三菱に対する内密の打診が不調に終わった結果だと受け取るむきもあったが、それにしても三菱の不当な態度を追認する、余りにも理不尽な市長の拒絶表明であった。

大企業と行政当局が一体となった朝鮮人差別・排除の仕組みが、図らずも市民の前にさらけ出された。戦後の「平和主義」「民主主義」の建前のかげに、加害者責任は巧妙に隠蔽されて、「唯一の被爆国」なる被害者意識のみが先走りする現実も、両者一体の無責任体制に支えられてのことである。加害者が被害者を締め出すこのような偽善に満ちた構図を、いつまで続けようというのであろうか。

徐正雨氏は金網越しに遠景の造船所内を指さしながら、丘の上に据えられたカメラの前で被爆体験を語るほかはなかったのである。

先に若干触れたように、三菱重工広島造船所に徴用されていた朝鮮人とその遺族たちは、日本政府と三菱重工に対して補償要求に立ちあがっている。

広島で被爆して生き残った人たちも、全員が無事に解放された祖国へ帰還できた訳ではない。懐かしい故郷を目の前にして、帰還船の遭難の犠牲となった人々も少なくない。多数の死体が長崎県壱岐に漂着したが、やっと昨年になって（＊一九八五年）、かれらの遺骨が発掘されたことを記憶している人もあるであろう。思うに、かれらの無念さはいかばかりであったであろうか。

実際、広島からのみならず、台風シーズンの玄界灘や各地の近海で遭難した朝鮮人は数知れず、私たちの調査中にも、伊王島や香焼（こうやぎ、もとは島）で遭難・漂着・埋葬等に関する証言をいくつも聞いた。なお、香焼には、三菱重工長崎造船所が一九七三年ごろ建立した「韓国人勤労奉仕隊員之墓」という墓碑があるが、これは、私たちの調査では、枕崎台風（一九四五年九月一七日）による遭難者の遺体を隣接する灯台用地内の水槽中に発見した三菱が、誤って旧川南工業の「勤労奉仕隊員」の遺体として改葬したものではないかと思われる。三菱に対する私たちの問合わせ、そっけない回答など、詳細については「原爆と朝鮮人」第三集三一～四三ページを参照していただきたい。ここにも三菱重工の体質は如実に現れている。その上、輸送船浮島丸のように、北海道の各炭鉱に徴用されていた三、七四五名を乗せて青森県大湊を出港後、舞鶴港で爆破・虐殺されたという恐るべき事実すら存在している（朴慶植著『朝鮮人強制連行の記録』、未来社、二八八ページ参照）。

こうした悲惨な情況を背景として、韓国内に「三菱徴用工沈没遺族会」や「三菱生存者同志会」が結成され、遺骨の奉還と未払い賃金問題をはじめとする補償要求を日韓両国政府および三菱重工に対して働きかけ、一〇余年にわたる粘り強い活動を展開してきた。そして日本国内には「三菱重工韓国人徴用工・原爆被爆者・沈没遺族を支援する会」が結成され、壱岐における遭難者の遺骨の発掘に取り組むとともに、韓国の遺家族に対する遺骨の送還と補償を求めて、三菱側と交渉を重ねてきた。三菱は「徴用工の遺骨だという証拠がない。政府が動けば三菱も考える」という開き直りの態度を取り続けたが、一九八一（昭和56）年、国会でも国際問題として追及されるに至り、「支援する会」（「韓国の三菱徴用被爆者・遺家族・帰国遭難者、戦後問題対策会」と改称）は、遺骨送還を日本政府に要求し、三菱に対しては「強制連行」企業の道義的責任、未払い賃金の清算を要求するという方向で運動を始めた。

やや長い説明となったが、侵略と戦争、搾取と虐待・虐殺を働いた者たちに対するこうした当然すぎる要求に対して、日本政府は「日韓条約ですべて解決ずみ」という従前のきまり文句だけでは逃げられなくなり、「三省（外務・法務・厚生）協力して努力する」と「約束」した。一方三菱重工は、未払い賃金名簿等を広島法務局に一括供託し、「三菱としては放置するつもりはない。解決のためのよい方法をご指導願いたい」と外務省に態度表明した。一定の前進はあったといえよう（以上、「原爆と朝鮮人」第三集、一四六～一四七ページ参照）。

しかし、この経過をみても明らかなように、日本政府も企業三菱も決して責任の自覚に立って問題解決に当たっているのではなく、言い逃れできない客観的証拠をつきつけられて仕方なく対応しているのにすぎない。現にその後具体的なツメの段階に入ると、各省は省庁間の壁をよいことに、それぞれが静観・放置の態度に出て、「政府が動けば考える」三菱も従ってみずから積極的には動かないという無責任連合を露呈している。朝鮮人は好んで日本に渡ってきたのではなく強制的に連行されたのであり、その結果被爆したり遭難したりしたのだということを知らないのではなく、むしろ十分すぎるほど知っているが故に、日本政府も、それと結託している三菱も、犯罪者の心理そのままに、口をぬぐって責任のがれを図っているのである。根本的な反省から出直すことを怠った、加害の上塗りに他ならない。

付言すれば、在韓被爆者の渡日治療についても本質的には同一の問題があり、今年期限切れとともに延長が危ぶまれているが、その責任が渡航費負担の打ち切りを表明している韓国政府の側にあるかの如く言うのは、全く筋違いの暴論である。内外を問わず、原爆被爆者の援護は全面的に「被爆させた者」の責任で行なわれなければならない。被害者が損害賠償する道理はないからである。また、戦後一貫している在日朝鮮人差別・抑圧も、官民一体のこうした無責任気質の上に成り立っていることを深く認識する必要がある。

証言――「人望の篤い人」が村雨丸で送還した

浜口三郎　七三歳
一九一二（大正1）年一〇月三日生
西彼杵郡高島町光町二七〇七
証言日　一九八六年八月一八日

日本人と朝鮮人がけんかをすると、日本人がね、会社に呼ばれておこられていた。あんまり朝鮮人をなんしたという記憶はないですね。金さんという人が管理しとったですがね、何名おったか、そこんとこはあんまり知らん。

千人塚はですね、高島神社の下に昔チョウサイ寺という寺があって、そこに三〇七人、明治三九年の高島の爆発のときに死んだ人たちの墓標を建てとるんです。礦業所の職員の墓所は別のところ、昔の墓地にずっと石塔が立っとったんですが、今は上の方に石塔を移しています。家を建てたからですね。千人塚は、その後の人は祀っていない、そのときの事故のだけなんですね。その下に遺骨があるかないかわからんですがね、墓標だけじゃないですか。もうずっとやぶになってしまっとるですけどね。

端島は全部火葬ですよね、中ノ島で。遺骨を高島には持ってきていない。

自分たちの記憶では、朝鮮人がここで……昔はですね、向かい地に泳いで渡りよったわけですね、脱走して。潮の満干をよく考えて泳がんと変なところへ持っていかれるわけですよ。近いところで五kmぐらいあるでしょ、高浜とか蚊焼とかですね。昔の人の炭鉱のことばで「ケツ割り」というて、向かい地に泳いで渡って、やれやれと一服して、今度長崎へ出るちゅうても、長崎の方にもう張ってしまうからですね、見つかってしまう。夜だけじゃなくて昼泳ぐときには、潮干狩りなんかに使う桶のフタをかぶって、息をするときだけ上げて渡る人もおったですよ。溺れて死んだ人のやっぱり多かったごたるですね。朝鮮人がそういう風に脱走して、なんしたちゅうのは聞いたことないですね。

昔の高島の圧制時代には、個人でやっとる寮が七軒から八軒あったですかな。納屋ですね。なんぼ働いても親方から吸い上げられて、それで耐えかねて。遅く会社の直轄の寮かなんかになったですが。朝鮮人は朝鮮人納屋で、金さんという人が管理していた。

終戦になって、朝鮮人が高島を引き揚げるときは、礦業所でもやはり信用の厚い、人徳のある人が引きつれて、村雨丸で朝鮮に全部送り返した。人望の篤い人がそうせんちゅうと、叩っ殺される……。だれでもかれでもいいちゅうわけにいかん。人数はどのくらいか、相当おったですばってね。終戦後やから、二〇年の終わりか二一年ごろですね。終戦後脱走したとか、そんなことは聞かない。

中国人もおったですよ、人数は分からんですがね。団平船にテントをかぶせてつれてきよったですよ。

大空襲ですか? 私は昭和一六年に兵隊から帰ってきたですが、あれは昭和二〇年の七月三一日と八月一日にやられたですね。朝からB29が八〇機ぐらい侵入したんですよ。一六、七人ぐらい亡くなりゃせんじゃったですかね。発電所をやられて四カ月間は操業停止、新坑はもう廃坑ですね。坑底に水がたまって。

端島の石炭船の白壽丸が魚雷を受けたのは、あれは昭和二〇年のはじめぐらいでしたね。端島と中ノ島の間をアメリカの潜水艦が浮上してから……そりゃ見とったです。私はちょうど監視所におったですよ。あのときは夕顔丸もやられた。

高島に高射砲のすわっとったんじゃけど間に合わんですたいね。発電所の機関銃を持って上がって、私一人、どうも東の方に爆音がするちゅうても、みんな耳をすまして聞いとるけどね。しょらんという。そして、しよる、しよらんというと、ヒャーともう夕顔丸のやられた。中ノ島のところで、機銃射撃ですね。その後、こちらに機関銃のきてしまったです。囚人はいないです。いえ、囚人は聞いたことないです。中国人は捕虜ですよ。今の四一号のアパートの下に合宿があったんです。朝鮮人納屋は炭坑の北側に、今はもう残っとらんですが、木造の建物がありました。

――端島では、敗戦のとき、朝鮮人を虐待した外勤係が一晩のうちに別府の三菱寮へ逃げたということですが、高島では？

ない。聞いたことがない。高島ではそんなことはない。

――われ先に帰国を急ぐ混乱とかは？

ない。そんなことはない。端島の朝鮮人はどうやったか知らんけど、高島の朝鮮人は、さっきも言ったが、人望の篤い人が管理して朝鮮まで送った。

――朝鮮人が端島から一番近い南越名あたりに泳いで渡ろうとして溺死したと思われる漂着死体

を、このたび四体発掘しましたが、高島では？

聞かんですね、朝鮮人が脱走したとはなんとかは。日本人はもう脱走しよったですけどね。坑内の労働はやはり一二時間勤務、二交代で時間が長いわけですね。

端島のことはよう知らん。わしの兄貴がおったけどね、戦争中からずっと端島に転勤になって、会うてもなかなかそんなことはやっぱ勤労関係やったから話さんわけですね。

――戦前のことを証言してくれる人が少なくなりましたが、他になにか？

風のたよりでは、よく分からんですけど、金さんという人は朝鮮に帰ってから殺されたとか何とかちゅう話も流れてきよったですけどね。端島から出兵して朝鮮におって、勤労関係の仕事しとる人やったばってですね、端島におった人から見られて、おる、おらんでもめたちゅうことも聞いとる。これは高島の人じゃない。端島の人。端島と高島じゃやっぱりだいぶ違うですよ。こっちはそうなかったですよ。

――「三菱鉱業百年史」をそっくり写したこの会社の小冊子には、事故のことは全然書いてないですね、恥ずかしいのかなあ。夕顔丸の進水まで書いとるのですがね。

だいたいなら事故も書くのがほんなことですね。たいがいやっぱ聞いても、礦業所に長く世話になっとるとね、やっぱいわれんとこもあるわけですよ、やっぱ。夕顔丸は高島の暴動のあったときに活躍しとるからですね。暴動ちゅうか、ストライキですね、明治時代、賃金闘争で、軍隊が鎮圧した、そのとき夕顔丸が活躍しとる。

――会社は二度の火災で、戦前の重要書類を全部焼失したということですが？

鉱業所の古い書類ちゅうのはね、ここの下に道場があって、その横に赤レンガの建物があって、その中に全部入っとる。あそこの道場のあるところは、高島、端島、二子坑の本部事務所があったところです。

無縁仏の墓はあるが、朝鮮人の遺骨が入っとるかどうか。昔、高島と二子の方がまだ切れとったでしょ、高島に死骸が流れてくるわけですよ、火葬して遺骨だけ埋めたところがあることはある。名前も何もなか、コンクリートで築いて、ちょっと出とるだけですけどね。ヤブになっていて今は上がりにくいんじゃなかですか。二子は大正一〇年につながるまで、橋がかかっていて、樫の木の手すりをワイヤーでつないどった。東側はものすごく深いわけ。通行止めになったときは、丸い玉、標識の上がりよったですが、高島の料理屋があったでしょ、仕事の関係でも渡ってきよって流されてね。そういう人がだいぶんおったですよ。流れて死んで、死骸も何も分からんごとなって……。

坑夫相手の遊廓はあったわけです。二子坑の方ではやることはならんちゅうことになって、みな高島にあった。建物は残っている。相当おった。私は女買いに行ったこともないし、何軒あったかな、六、七軒あったですね。中国におるときは、(「慰安婦」は)日本人より朝鮮人の方が多かった、強制的に連れてこられて。

軍隊は高島にはいなかった。高射砲は在郷軍人がやりよった。憲兵はおったけど、よけいじゃないですね。

端島と高島の向かい坑道ちゅうのがあって、端島と貫通させる計画のあったんですが、爆発のとき両方危ないちゅうてやめた、戦前の話ですたいね。

私の先祖は後藤象二郎といっしょに四国（土佐）から高島に来とるんです。グラバーさんからあとを継いでですね。五代になります。私のごと人間は、閉山、存続なら存続、はっきりしてもらいたいですね。何かそのヘビの生殺しのごとですね。どうせ閉山は閉山でしょうばってね。

——原発をやめて石炭を活用しては？

日本には廃棄物の処理施設がないでしょ、あれを持たんのやからね、ちょっと困るですよ。やめてもらいたいですね。ありゃ恐い。

日本の縮図・端島

地図で見ると端島は豆つぶほどに小さい。この島に戦時中約五〇〇名の朝鮮人がいた。その数は隣島の高島と比べても七分の一にすぎない。しかし、この端島での朝鮮人の生と死のすべてが私たちに問いかける意味は重く、端島は日本全土、全戦域を写し出す歴史の鏡といえると思う。かつてのあらゆる産業・軍事地点に強制動員され、消耗品のように使い果たされた朝鮮人の血と涙の生と死は、軍艦島・地獄島との異名をもつこの端島にその凝縮された姿を見出すことができよう。「端島資料」は、全国、全戦域の痛恨の死者たちが紙くずとなって滅びることを拒否し、日本の縮図をよくよく見よと私たちの眼前に生きて現れた、まさしく「生きた資料」という思いにかられるからである。

強制連行に限っていえば、一般には一〇〇万人を超えその内六万人の死者・行方不明者を数えるといわれるが、この外、いまだに死亡者数さえ知れない軍人・軍属約三七万人（現地戦犯として処刑された人さえいる！）、軍と生死をともにし最後には闇から闇へと葬られた日本軍「慰安婦」二〇万人など、日本の天皇制ファシズムがもたらした極悪非道の全貌は真に言語を絶するものであった。ただ、知らぬは日本人ばかりなりという、戦後象徴天皇制下の無責任体制がまかり通ってきただけである。すなわち侵略・強制連行・酷使・虐殺の島「端島」は、天皇制ファシズムの縮図といっても過言ではない。

故意の忘却さえなければ、日本全土に碁盤の目の如く「端島」があり「端島資料」がある。その意味で「端島資料」は単に緑なき炭鉱の島の告発に終わらず、一例としてあげれば、松代（長野県）地下大本営工事において、機密の箇所（天皇の寝室）を掘らされた後に虐殺されたという数百名の朝鮮人同胞の無念をも告発していると思えてならないのである。

いま端島は激動の過去の面影もなく、無人島となり廃墟と化している。それは欺瞞の繁栄の末路をも象徴するかのようである。夕暮れの海にたたずむ端島と対面するとき、今なお戦前の総決算なき無責任な日本社会、政治的にも社会的にも朝鮮人差別の反省・解消に努めない日本社会をじっと見つめ、新たなる欺瞞に満ちた「戦後の総決算」に重い警告を発しているかのようにしみじみ思えてくる。

最後に再び徐正雨氏の証言に耳を傾けてみよう。「差別についても沢山話しましたが、こんなことはみんな日本政府の責任だと思うのです。朝鮮を植民地にして、われわれを強制連行した。その上原爆にまで遭わせた過去を反省しないどころか、そのことをよく知っている政府が、行政が、なぜ先頭に立って日本人に知らせ、差別をなくすように努力しないのか。近くの朝鮮人に親切にするように言わないのか。何もしてくれなくてもよい、ただ差別だけはやめてくれと叫びたいのです。関東大震災のときの悪質なデマと朝鮮人虐殺だって、どれだけ反省されていますか」「日本人の中には理解のある人もいることは知っていますが、正直に言って、普通の日本人はものすごく悪いですよ。これは本当です。私はいつも言い返しますが、こんな馬鹿と話してもいっしょと思ってあきらめたこともあります。革新党だから差別しないということはありません。『朝鮮人は本国へ帰ればよかとに。日本にいれば大迷惑』と言った日本人をかばって、私を暴力的に威圧した革新議員だっています。苦い、苦い体験です」「日本は世界第二位の経済力とか言っていますが、戦後はあれほど貧しかったではありませんか。まがりなりにも平和だったからこそ栄えたと思うのです。戦争になれば、一部の者はもうかっても、すべて終わりです。スーパーに行ってみませんか。何でもあるでしょ。昔はサツマイモばかり。ヌカ、メリケン粉ばかり。私は健康を害していても、差別のない社会、平和な社会のために、死ぬまで運動したいと思っています」(「原爆と朝鮮人」第二集七六〜七七ページ)。「端島資料」が私たちに問いかけてくるものは、本当にこの証言にあることそのものだと私には思えるのである。

(「原爆と朝鮮人」第四集、四五〜五七ページ、執筆＝高實康稔)

第五章　端島対岸「南越名海難者無縁仏之碑」

発端

現在も良質の石炭を産出している高島は、全島三菱鉱業の町であるが、その高島の西南に位置しているのが軍艦島という異名を持つ「端島《はしま》」である。全島に林立する七階、九階、一〇階建ての巨大ビルは、すべて三菱端島炭坑の従業員たちの中高層住宅であって、遠方から見れば、かつての戦艦「土佐」に似ているというので、この名が生まれたという。

この端島における朝鮮人や中国人労働者たちの生活は、監獄であり、地獄であり、彼らから地獄島と呼ばれていたことは、かつてそこへ強制連行され、強制労働させられていた朝鮮人労働者や関係者たちの証言によって、今や周知の事実である。一九八三年七月、その島でわずかに一四歳のとき強制労働させられていた徐正雨《ソ・ジョンウ》氏とともに、岸壁の上に立ったとき、全く変わり果てた端島炭坑の廃墟は、今も「無言のうちに日本のアジア侵略の歴史を告白している」（『原爆と朝鮮人』第二集、六九ページ）と痛感した。

そのとき徐氏は「……堤防の上から遠く故郷朝鮮の方を見て、何度海に飛びこんで死のうと思ったか知れません。どうですか、この白く砕ける波、あのころと少しも違いません。仲間のうち自殺した者や、高浜（野母半島の、西彼杵郡高浜村。現在は西彼杵郡野母崎町高浜）へ泳いで逃げようとして溺れ死んだ者など、四、五〇人はいます。私は泳げません……」という悲痛な証言をして下さった（同七二ページ）。

『原爆と朝鮮人』第二集が刊行されて間もなく、一九八三年七月末、この証言を読まれた県立野母崎高校の遠山教諭は、わざわざ「長崎在日朝鮮人の人権を守る会」事務所に来訪されて、「長崎から野母崎町に至る県道野母港線の、野母崎町古里という部落の道路脇に、朝鮮人の海難者の碑があるが、それはあの戦時中、苛酷な労働に耐えかねて端島から脱走し、海にとびこんで高浜の海岸をめざして泳ぎわたったが、遂に力つき果てて、溺死した朝鮮人たちを葬ったものに違いない。古老から聞いたことがあるので、それは事実だと思う。一度、調査されてはいかがですか」という悲惨な史実を教えて下さった。

同年九月一一日、「人権を守る会」のメンバー岡、三角、西田、藤井四氏は、西田氏の乗用車で、野母崎町の通称古里《ふるさと》部落を訪れ、県道わきに建てられているそまつな石碑を発見した。表面には「南越名《なんごしみょう》海難者無縁仏之碑」、裏面には「昭和五二年五月吉日建立　吉田義輝」と、それぞれ彫刻しであるのみで、そこに遺体または遺骨が埋葬されているかどうか全く不明であった。そこで、メンバーは付近の住民に対する聞き取り調査にとりかかり、金徳寺（西本願寺）、祥瑞寺（浄土宗）の二寺院を訪ねるが、特別な証言や資料は得られなかった。ただ、古老の話では、現在、野母崎町役場の脇岬支所長が、元高浜村役場の職員であったので、詳しいことを知っているのではないか――ということであった。

帰崎後、吉田義輝氏（高浜村出身者で、現在長崎市民。一九六七年～一九七一年、長崎市議会議員）に、その石碑建立の経緯をおたずねすると、「もともとそまつな木製の標柱が建てられていたが（文字も風雪二〇年にはげて、字体なども不明であった）、そこから山の方へかけて、小さい道をつくるために、わずかに西の方へずらせて、現在の石碑に建て直した。費用は自分が全額負担した。そこに遺体があるのか、遺骨を埋葬したか、詳しいことは全然承知していない」ということであった。

その後、野母崎町役場、同教育委員会との連絡が不充分であったが、遂に一九八四年五月一〇日、野母崎町に赴き、「海難」朝鮮人の石碑について、二証人からつぎの貴重な証言を与えられた。

（『原爆と朝鮮人』第三集、四四～四五ページ）

証言――端島（軍艦島）から海を泳いで脱走、溺死した朝鮮人炭坑労務者たち

・本村愛治　五七歳　男　一九二六（大正15）年一〇月三〇日生

長崎県西彼杵郡野母崎町
・内野辰次郎　五六歳　男　一九二七（昭和2）年六月二八日生
長崎県西彼杵郡野母崎町
証言日　一九八四年五月一〇日

本村は、野母崎町教育委員会職員です。

内野は、野母崎町脇岬支所長です。

現在、野母崎町南越《なんごし》の県道野母港線に面した道路のそばに建立されている「南越名海難者無縁仏之碑」（裏面に「昭和五二年五月吉日建立　吉田義輝」と彫刻されている）は、以前そこに木の標柱が建てられたか、その大きさはどのようなものであったか、すっかり忘れてしまいました。

私たちは、昭和一七年〜二〇年ごろ、西彼杵郡高浜村（現在は野母崎町に編入）役場の職員でしたが、昭和三〇年三月三一日の町村合併によって、そのまま野母崎町役場の職員となっています。

昭和一八年ごろから、日本の敗戦ごろまで、毎年、春の終わりから夏にかけて、端島（軍艦島）の炭坑で強制労働させられていた朝鮮人労働者たちが、そのつらさに耐えかねて、深夜の海にとびこみ、野母半島を目ざして泳いだのですが、南越の海岸近くで、力が尽き果てて溺死しました。脱走はすべて失敗したようです。大抵は二人ぐらいだったようですが、小さい木につかまっていた者も、あったということです。

海岸に流れついた朝鮮人労務者の死体は、多分、高浜村役場では「行旅病人」としての取扱い（記録にとどめる）をしたと思いますが、死体はそこに（木の標柱のあったところ）埋葬されたのではないかと思います。

そこに埋葬された死体は、恐らく五〜六体ぐらいだと思います。現在の石碑は、そこから少しずれているようですが、掘れば死体は出てくるのではないでしょうか。

当時の高浜村役場の助役をしておられた木下才造氏（野母崎町南越）は、さらに詳しく知っておられることと思います。

なお、端島（軍艦島）における死亡者については、端島の中央部にあったお寺の住職、本間麗天氏がよく知っておられることと思いますが、同氏の住所については承知しておりません。

（執筆・記録＝岡正治、「原爆と朝鮮人」第三集、四五〜四六ページより）

怨みの海――野母崎町南越名「朝鮮人溺死体」発掘経過報告

一　「南越名海難者無縁仏之碑」に眠る朝鮮人

端島における朝鮮人強制労働の実態を証言に基づいて見てきたが、ここでぜひとも触れておきたいことがある。それは、対岸を走る県道野母港線の古里部落の道路わきに立つ「南越名《なんごしみょう》海難者無縁仏之碑」に関連する事柄である。

この碑は、端島から深夜の海を泳いで必死の脱出を試みた朝鮮人労働者たちが、途中遂に力つきて溺死し、かれらの漂着死体を当地に埋葬したことを示すものと考えるほかはない。この碑の由来をたずねる中で、旧高浜村（一九五五年野母崎町と合併）役場の職員二名から明確な証言を得た。それによると、漂着した五、六体の死体を「行旅病人」として取扱い、木の標柱を立てて埋葬したという。そして現在の石碑は、小道づくりのため当初の標柱の位置より少し西にずらされていることなどもわかった（『原爆と朝鮮人』第三集、四四〜四七頁参照）。

遺体の引き取り手がなく、「無縁仏」にされてしまったことからみても、埋葬された人びとが端島で強制労働に従事させられていた朝鮮人であることは間違いないと思われる。証言者の推察も同様であるが、さらに「脱走はすべて失敗したようです。大抵二人ぐらいだったようですが、小さい木につかまっていた者も、あったということです」と補足している。恐らく高浜村役場は、漂着死体の人相、体格、着衣等について端島炭鉱に問い合わせ、かれらが脱走した朝鮮人労働者であることを確認したのではないかと思われる。地理的にも、また当時の政治状況からみても、行政当局のあり方としていきなり「行旅病人」（ゆきだおれ）と断定したとは考えにくい。たとえ強制連行者であっても、無論、炭鉱では氏名、出身地を把握しており、行方不明者の存在はただちに判明するのであるから、漂着者が脱走した朝鮮人であることを確認した上での「身元不明」、ひいては「無縁仏」としての処置（埋葬）ではなかったかと思われる。もしも役場が故郷に連絡する気さえあれば、容易に父母、縁者を見出せたはずである。実は、人道からも当然果たすべき、そうした措置が執られなかったところに、日本の朝鮮侵略の本質があるのだ。行き先も知らされない強制連行が出発点であるならば、死者を「無縁仏」に仕立てあげるのが終着点である。闇夜の海に生死をかけたかれらの絶命の苦しみ、かれらの帰国や消息を待ちこがれた親、兄弟姉妹の祈りを思うとき、会社（三菱鉱業）の人命無視と、行政の事なかれ主義を不問に付すことはできない。

会社側にも行政側にも脱走と溺死に関する証明資料があるはずである。特に会社側には「行方不明者」の氏名と身元を明らかにする人事簿が、証拠隠滅されない限り残っているはずである。法的な保存期間は過ぎていても、その種の基本書類は社史の上からも永久保存が常識だからである。広島の三菱には、朝鮮人徴用工に対する「未払賃金名簿」がちゃんと保存されていた。日本帝国主義の大動脈であり、土台骨であった三菱重工業が、戦争責任を反省して人道上からも果たすべき責任を関係資料公開の形で示すべきである。それによって異郷の地で望郷やるかたなく死んでいったかれらの身元を明らかにすることは、今からでも十分可能なことである。また私たちには、そのことを要求していく責務があるといわなければならない。

私たちは石碑の由来を調査した後、遺体の上を道路が走っている可能性をも考慮して、野母崎町に対し遺体の発掘作業を働きかけ、遂に一九八六年六月二八日、岡代表の立会いで、その発掘が行われた。その結果、四体の遺体が確認され、朝鮮人漂着死体埋葬の事実が証明された。遺体は改めて火葬に付され、石碑の下に納められたが、分断されたままの南北朝鮮のいずれにもただちに送り届けることができない現実があり、戦後四一年の今日なお、朝鮮民族には遺骨すら帰れない祖国の分断があることに哀切の涙を抑えることができない。

極東の平和、国際情勢など言うは易く、朝鮮分断は日本の侵略がまいた種、戦後一貫して分断政策の片棒をかついできた日本政府と日本人民の無責任ぶりは、いかように非難されてもされすぎることはないものである。

今回発掘され火葬された朝鮮人労働者の遺骨が、故郷の土となる日はいつのことであろうか。（執筆＝高實康稔）

二　溺死朝鮮人労働者埋葬に関する経過報告

(1)はじめに

一九四三（昭和18）年ごろから、日本の敗戦ごろまで、端島（軍艦島）の炭坑で強制労働させられていた朝鮮人労働者たちが、そのつらさに耐えかねて、海にとびこみ、対岸の野母半島を目ざして泳いだが、南越名の海岸近くで溺死。旧高浜村役場は彼らを「行旅病人」として取扱い、南越名の海岸近くに土葬した。

証人たちの証言によれば五〜六体ということであるが、それを上まわることも想像される。本会としては、その死体を発掘し、「追悼式」を行い、遺骨として、それを丁重に保管し、その無念の思いに報いるべきであろうと考えた。

(2)野母崎町に対する交渉経過報告

①一九八五年三月一日、岡正治本会代表は同町につぎのような文書を発送した。

記

野母崎町行政区域内に埋葬中の朝鮮人死体発掘について照会。

首標の件につきましては、別紙資料（「原爆と朝鮮人」第三集）をご参照いただきますればご理解していただけることと思いますが、このたび在日朝鮮人総聯合会（朝鮮総聯）長崎県本部と協議、これらの埋葬死体を発掘確認し、その上で手厚く追悼式を執り行ないたいと存じます。

②これに対して三月一九日付（六〇野住福第三六九号）で同町長高平米雄氏よりつぎの回答があった。

野母崎町行政区域内に埋葬中の朝鮮人死体発掘について（回答）

先般、照会のあった件について調査の結果下記の通り回答します。

記

(1)吉田牧場に至る道路は町道ではなく、昭和四七年ごろ、吉田義輝氏が私道として作ったものであり、道路を発掘する場合は同人の承諾を要するものと思われます。

(2)旧高浜村助役木下才造《キノシタサイゾウ》氏（南越九七四番地）に昭和二〇年ごろの海難者の埋葬状況について、現場において事情を聴取しました。「五～六体を川辺近くに埋葬した。朝鮮人か否かについては不明ですが、端島炭坑の労務者ではないかと思う」とのことでありました。埋葬されたと思われる場所は、町有地であり、発掘後すみやかに整地していただければ差支えありません。

③この回答に接して岡正治本会代表は四月一日付けで、再びつぎの文書を同町長に発送した。

野母崎町行政区域内に埋葬中の朝鮮人死体発掘について再度の照会。

首標の件につきましては、なおつぎの件についても折り返し回答をわずらわしたいと存じますので、よろしくおねがいいたします。

記

一九四五年敗戦当時、広島から朝鮮に帰国途中の船舶が台風に遭遇し、難船して死体が壱岐、対馬地区に漂着した際、島民がこれを埋葬。昨年（一九八四年）厚生省が主体となって全死体を発掘、だびに付して遺骨を朝鮮に送還の手続きをとりました。野母崎町の場合も、国および県に上申し、国および県が主体となって発掘するか、予算措置をとるように意見具申されるつもりはないのか。

前項について、当方と話し合いの機会を得たいと思いますので、日時を指定していただきたいと存じます。

④この再照会に対して五月上旬同役場梅枝政弘参事が、本会岡代表を訪問し、「死体発掘の予算措

置については野母崎町役場で内部協議するゆえに、しばらく時間的余裕を与えてほしい」と通告したので、岡代表はこれを了承した。しかし、その後一カ年を経過しても何ら誠意ある回答がなかったため、遂に一九八六年五月二一日付け岡代表より同町長あてに書信を送り、「五月二六日（月）午前、同町を訪問したい」と通告した。

⑤五月二六日午前、同町を訪問した岡代表は
野母崎町長　　高平米雄氏
同　収入役　　松浦伊勢松氏
同　環境保健課長　原田忠男氏
同　参事　　梅枝政弘氏
各氏と、一〇時五〇分～一二時一〇分にわたって直接交渉した。その結果、同町長はつぎの提案を示したので、岡代表は一応これを了承した。

（一）死体埋葬中の土地は、「野母崎町南越景ノ迫三一五」の町有地であり、地目は雑種地（畑）一一二㎡。高浜村の無縁墓地として行旅病人の死体埋葬に使用していた。しかし現在は、その埋葬箇所の上を人が通行し、車が走るようになっていて、死者をぼうとくすると考えられるので、これを発掘して、現在の「吉田氏のつくった石造りの碑」の下にその遺骨を改葬する。

（発掘費用、改葬費用はすべて町費――「予備費」――を支出する）。
（二）そこに埋葬されている行旅病人（朝鮮人も含まれる）の名簿が旧高浜村の保管文書の中にあるかどうかを調査する。（野母崎町が実施する）
（三）遺骨の移転改葬式は無宗教として実施し（岡代表の指導を受ける）、岡代表も招待する。

六月六日、岡代表はつぎの文書を同町長に発送した。

記

野母崎町行政区域内に埋葬中の水難死体（朝鮮人労働者多数を含むと推定される）の発掘について

首標の件につきましては、五月二六日野母崎町長のご意向を直接おうかがいすることができまして、朝鮮人の人権問題と取り組む本会といたしましては、まことに感謝申し上げるところでございます。

つきましては、つぎの諸点につきまして折り返しお知らせ下さるようにお願いいたします。

死体発掘に要する費用概算、町費として支出される場合の款項目費について
死体発掘作業担当（町直営、業者委託の見通し）などについて
死体発掘予定日時などについて

死体発掘立会い証人の氏名、人数などについて
現在の石碑の下部に埋葬換えの方法などについて
追悼式（慰霊祭は神道用語です）を無宗教で施行する方法などについて
その他

これについて野母崎町長高平米雄氏より六月一一日付け「六一野環保第四九五号」でつぎのような回答があった。

野母崎町行政区域内に埋葬中の水難死体の発掘について。
今般ご照会の標記の件については、下記のとおり回答いたします。

記

費用概算　三六万円
支出費目　衛生費、保健衛生費、環境衛生費
現在は「町直営」で施行予定
まだ定かでない。出来るだけ早く行ないたい。（遅くとも七月までに）。施行が決定したら貴会に連絡いたしたい。
本町の墓地担当課の職員二～三名を立会わせたい。

遺体が発掘されたら、本町樺島火葬場で火葬し、遺骨は骨つぼに一緒に納め、現在の石碑の下部に埋葬いたしたい。

同地を管轄する寺院により「お弔い」をする。

その他。発掘にかかる際、関係者がどうしても地元お寺の「供養」を求める場合は、求めに応じることもある。

三　端島から脱走、水死した朝鮮人労働者の遺骨発掘作業

野母崎町が本会岡代表に通知してきた「発掘日六月二八日（土）」は小雨の降りつづく生憎の天候であったが、NBC（長崎放送）関口記者たちと共に午前九時三五分現場に到着した岡代表を待ち受けていた者は、同町環境保健課長原田忠男氏、参事梅枝政弘氏、山口建設（野母崎町）社長たちと、一台のブルドーザーであった。役場職員および山口建設社員の手で、天幕一基が張られ、テーブルの上に焼香台が準備された。午前一〇時町長高平米雄氏、収入役松浦伊勢松氏の到着と同時に、僧侶二名の読経で「供養」が始められたが、これは町主催でなく業者が施行したものであった。現場で取材に当たったのは毎日新聞・長崎新聞・長崎放送（テレビ）各記者たちであった。発掘は、東側の「吉田牧場」へ通じる私道入口付近と岡氏は主張したが、業者は西側（小川わきの石垣付近）から開始した。

時刻は一〇時二〇分である。岡氏の予想通り、午前中は死体は発見されなかった。ただ、死体を埋

葬した当時の地表と、その後の盛り土との境目が明確であったことは、作業上きわめて有利であった。岡氏は、早く東側を発掘してほしいことを山口建設社長に伝えて、長崎新聞記者峠憲治氏と共に彼の自家用車で現場を去って、長崎に向かった。教会堂で「教会婦人会例会」の聖書講義を終わり、再びタクシーで現場に急行、午後四時二五分到着したとき、山口建設社長は「二時半に、四体の白骨死体を発掘。樺島の火葬場へ運んだ。骨つぼに収納して、現在の石標柱下に納骨の予定」ということを知らせた。

本会の、執念にも似た、長い間の努力は遂に報いられたのである。

今回の発掘作業は、明らかに敗戦処理の一つであり、本来は国がやるべきである。それを一自治体が良心的に取り組んだことは、きわめて評価されるべき行政姿勢である。

なお、今後取り組むべき課題は、今回発掘し、火葬し、改葬された四体の遺骨のうち朝鮮人と日本人の区別は困難であると思われるが、この調査が一つの課題である。また、その遺骨を収納した石の標柱は「墓地および埋葬に関する法律」に規定された墓地および墓でないので、野母崎町当局が遺骨収納の方式に「違法」なきように期待したい。さらに、統一された朝鮮が、この遺骨の引き取りを希望する場合、どのように措置するのか、についても、町当局は基本方針を持っているべきであろう。

残念な点は、同地付近に水難者を埋葬したとき「行旅病人の取扱いに関する法律」に従って詳細な記録をとり、それを保存すべきであったが、旧高浜村、現在の野母崎町にその記録が全然発見されないことである。（執筆＝岡正治）

（「原爆と朝鮮人」第四集、一三七〜一四五ページより）

第六章　三菱よ、朝鮮人労務者の遺骨を返せ！

三菱マテリアル（株）への遺骨返還要求

遠くから見ると、かつての日本の戦艦土佐に似ているというので有名な炭礦の島「端島――はしま」は、野母半島の沖に、無人の島、「死の島」として長崎市から二八キロ沖（＊正確には約一九キロ）に横たわっている。一八七〇（明治3）年開礦した「端島炭礦」は、周囲わずかに一・二キロの孤島ながら、一九四五（昭和20）年八月の日本敗戦当時、人口四、〇〇〇人以上を数える、活気に満ちた「海底炭礦」の島であった。しかし、戦後のエネルギー革命の嵐のために、一九七四（昭和49）年春閉山し、完全に無人島となった。ここには、一九二〇年代から一九四〇年代にかけて、多数の朝鮮人が働かされていたが、アジア侵略戦争開始、つづいて一九四一（昭和16）年の太平洋戦争開始以後、徴用・強制連行などによって急激に増加した。

一九四三（昭和18）年以降は、朝鮮人五〇〇人、一九四四（昭和19）年以降は中国人二〇四人が加わった。この過酷な労働は、「一に高島、二に端島、三に崎戸の鬼が島」とうたわれるほどのきびしいものであった（この三炭礦は長崎県西彼杵郡の「三菱石炭鉱業株式会社」の海底炭礦である）。

長崎県全般にわたって朝鮮人強制連行、強制労働の実態調査を続けてきた本会（長崎在日朝鮮人の人権を守る会）が、あるとき入手した資料によると、この端島における「一九二五（大正14）年から一九四五（昭和20）年までの二一年間の死亡者は、朝鮮人一二三人（女性一三人）（＊再点検により、それぞれ一人追加した数）中国人一五人（＊強制連行中国人一四人、在日中国人一人）」で、全員の氏名も判明した。その中で、朝鮮人の死因は、窒息二四人（＊再点検により二人追加した数）、外傷によるもの一五人、圧死九人、変死五人、水死四人などによる事故死が半数以上の六三人に上っている。これらは坑内事故で、劣悪な環境の下での強制労働、虐待、酷使の実態を如実に示している。水死とは、過酷な労働と虐待に耐えかねて、脱走をはかり、海に飛び込んだものの力尽きて溺死した者で、行方不明になったものもあり、実際の水死者数は、これよりも多いと推察される。その他、病死は六〇人（＊再点検により二人追加した数）に上る。本会は、それらの資料を分析、調査して、その労働実態の集大成を、一九八六年九月、「端島の呻き声」というサブタイトルをつけ、「原爆と朝鮮人」第四集として刊行した。これによって浮き彫りにされた、朝鮮人・中国人の労働実態の悲惨さは、当時、全国民に大きい衝撃を与えた。

ところが、一九九一年八月、この「端島の呻き声」を所用で来日した韓国全羅北道群山市の全北産業大学教授李福烈氏（全州市在住）が入手、そこに記載された死亡者名簿中に、五〇年間も探しつづけていた「おじ李琓玉さん」の氏名を発見した。李氏は早速、本会に電話連絡し、現地端島訪問の希望を伝えた。同年一〇月一四日、李氏夫妻は来崎。岡代表、高實事務局長の案内で、瀬渡し船に乗り、いまや無人島になった「端島」に渡り、在りし日のおじ李琓玉さんの過酷な労働者としての姿をしのんだ。二日後「高島」に渡り、関係者に会って「端島炭礦閉山後、高島に移された一〇〇余の韓国人労務者たちの遺骨」の所在を調査した。そしてそれらの遺骨は、高島の高台にある石碑「千人塚」の地下のコンクリート製の半地下納骨堂内部に、板でつくった棚に並べて納骨されたことが判明した。しかし、その納骨堂は今は跡形もなく破壊され、平坦地になっており、石碑のみが地上に建てられていたにすぎなかった。その納骨堂が徹底的に破壊されたのは、一九八八年の「高島炭礦」廃坑の際に、三菱石炭鉱業が強行した〈蛮行〉である。

三菱は、納骨堂を破壊し、地下に埋没したとき、そこにあった一〇〇余の骨壺（端島から持ち込んだものと、従来からあった高島炭礦関係者のもの）の中の骨を同数のコップ状の小型の骨壺に少量ずつ移し替え、それを近くの金松寺に預けて〈永代供養〉を依頼した。しかしその遺骨名簿は、ほとんど無名であり、故意に氏名を抹殺したものと推察される。

結局、「千人塚」の地下に埋没（埋葬ではない）されたと想像されるが、「端島から高島へ移送した一〇〇余の韓国人労務者とその家族の遺骨」の行方は、完全に行方不明。李教授夫妻は、非常に落胆し、三菱に対してはげしい怒りを表明して、帰郷した。

帰国後、李教授は本会が手渡した死亡者名簿を手掛かりとして、ただちに全遺族に連絡をとった結果、七〇余名の遺族が判明。その結果、五〇余名で「端島韓国人犠牲者遺族会」を結成、李教授がその代表となり、三菱石炭鉱業の後身、三菱マテリアル株式会社に対して、遺骨探査と遺骨返還要求運動を起こした。本会も同会の運動に協力することを確認した。

　同年一二月、本会は三菱マテリアルに対して、「朝鮮人労務者とその家族一二二名の遺骨の存在と処遇について調査されたい」という文書を送ったが、その回答書が届けられたのは翌一九九二年七月一五日。その内容はきわめて不充分で、知らぬ存ぜぬの責任回避に終始していた。これに納得できず、本会は、さらに同社宛に遺骨の行方についての徹底的な調査を要求したところ、同年一二月三一日に送付されて来た回答は、「端島で死亡した朝鮮人の遺骨一二二名分は、一切不明」という不誠実きわまりないものであった。

千人塚納骨堂の内部（1974 年、NBC 長崎放送「軍艦島が沈むとき」）

　その不誠実を直接追及するため、本会の岡代表は七月二一日、一〇月二七日、一二月八日と三たび上京し、三菱マテリアル株式会社本社を訪ねて、遺骨所在探査と返還を強く要求した。特に一二月八日には、来日した遺族会代表李教授たち四名と岡代表は一体となって同社に対して、午前一〇時から午後三時まで、遺骨調査と返還を強く要求した。しかし同社は、「李教授のおじ李琓玉さんが端島で働かされていたことを証明せよ」という李教授の要求は、消極的に認めるが、詳細については後日文書で回答するというにすぎなかった。

そして一九九三年一月、同社は岡代表および李教授に対して「韓国人労務者とその家族の遺骨は不明。いまは地下に埋没されている『千人塚』の納骨堂内部には、その遺骨は存在しないと考える。したがって、遺骨返還には応じられない」というきわめて冷淡な内容の回答を送ってきた。

同年三月一四日、李教授は「いまや完全に地下に埋没された『千人塚』の旧納骨堂を発掘してでも、韓国人労務者とその家族の遺骨を発見し、それを丁重に遺族へ送り届ける義務と責任は断じて三菱マテリアルにあるはず。その発掘作業を三菱に実施させるためには、訴訟を起こす覚悟である」という書状を三菱マテリアルと本会あてに送達した。しかし、この悲痛きわまる要求も、三菱は拒絶した。

強制連行、強制労働、虐待、圧制、殺傷、そして遺骨行方不明(塵芥同様に地下埋没)という悲惨な構図を展開して恥じない、三菱の犯罪をこれ以上認めることはできないと痛感した本会は、遺骨の調査、返還について、全国民の協力と支援を強く訴え、五月五日以降、街頭署名、募金を開始。この街頭署名簿は岡代表が上京し、五月二五日八四〇名分、一二月七日一四〇〇名分を三菱マテリアル本社に直接つきつけた。

「一九二五年から一九四五年までに、端島炭礦で死亡した朝鮮人・韓国人労務者とその家族一二二人の遺骨について、三菱はつぎのように誠意をもって実行されたい。

千人塚で朝鮮人犠牲者を追悼する学生たち（2005 年 7 月 1 日）

①全遺骨の所在を徹底調査し、丁寧に遺族に送り届けること。
②死亡朝鮮人・韓国人労務者の未払い賃金、積立貯金、退職金、厚生年金脱退手当金等を遺族に支払うこと。
③各遺族に対して慰謝料を支払うこと。
④強制労働、死亡、遺骨放置に対して謝罪すること」。

一一月三〇日、本会は三菱に対して「三菱みずからが反省を込めて『千人塚』下の納骨堂を発掘し、そこに埋没されていると思われる朝鮮人の遺骨を丁重に遺族に返還せよ」という旨の文書を発送したが、一二月二八日付けの三菱の回答は「遺骨の所在は不明。千人塚地下の発掘は拒否する」という、全く冷淡なものであった。

ついに一九九四年二月二八日、本会は三菱に対して「端島で死亡した韓国人の遺骨は千人塚地下（納骨堂）に埋没されているはず。三菱が発掘しないならば本会が五月の連休に自力で発掘するのでそれを認めよ。同地は、『墓地及び埋葬に関する法律』によって正式に県知事から認可された墓地および墳墓ではない」と通告し、同時に、前掲の諸要求に対して誠意ある回答をなせ、と強く要求した。

「戦時中の人間的、道徳的に許されない、〈非人道的な問題〉を日本人に知ってもらい、日本と三菱の戦争責任を明らかにしたい」と訴える犠牲者遺族の血の叫びにこたえて、本会の三菱に対する戦いは今後も強力に展開したい。

（「原爆と朝鮮人」第六集、二二六〜二二九ページ。執筆＝岡正治）

李琓玉氏に関する証言

尹椿基　六七歳　男
生年月日　不詳
全羅北道金堤郡白山面富巨里二三二番地
証言日　一九九二年一二月末日

一九四三（昭和18）年一〇月、当時、日本強制徴用令により発行された「白山面事務所」の徴用令状を渡されて、私とほか四名（金堤出身者だけ）は、金堤郡庁で過程的な申告後、強制案内者の指示に従い、鉄道の金堤駅から列車で出発して、釜山駅に到着した。そのとき、全国から集結した二〇〇余名は、団体を組んで、釜山港内で綿密な人員点検の後、連絡船に乗船して、約二四時間後に、下関港に入港しました。

そこで下船して、関門トンネルを通って門司に着き、そこから船に乗せられて、門司港を出港しました。初めに着いたのは長崎県の高島で、そこに約一〇〇名ほどが降ろされて、つづいて船はすぐに出港し、間もなく着いたのは端島です。

そこに残り全部が降ろされ、私たちはそこで働くようになりました。狭い島全部にあった、私たち朝鮮人（韓国人）労働者の寮は、当時、島の隅にあった病院棟の裏側の三階建ての建物の地下にある一番下層の、比較的広い畳部屋であって、私たちはそこへ押し込まれました。そこには全羅北道出身者とともに一五名が入室させられました。

翌日、私たちはみな身体検査を受けさせられましたが、そのとき、同じく金堤郡（甲山面石橋里七八八番地）出身の李琓玉氏は目立った存在でした。背が二メートルほどのすらりとした長身者でしたから、狭い抗内勤務は困難だと判断されたためか、坑外勤務に配置されました。坑内者は、採炭能力に従い、毎月二五円から三〇円を受領しましたが、坑外の李琓玉氏は大体その半分の毎月一五円程度でした。しかし、会社は月給の三分の一だけを現地で支払うだけで、残金は「毎月、故郷の家に送金する制度だ」といって直接本人には渡さなかった。その残金は果たして故郷の家族に送金されていたのか、戦後、帰郷して家族に聞いてみると、一九四三年一〇月から一九四五年八月までの一年一一カ月間の「故郷への送金」はビタ一文受け取っていないということでした。他の人たちにも聞いてみましたが、同じでした。私たちは会社からすっかりだまされていたのです。

李琓玉氏は、石炭を積んだ炭車が、エレベーターによって地上に昇坑してくると、それをレールに沿って押しながら、船積み場という積炭場まで運搬する作業でした。

当時の私の坑内作業は三交代制でしたので、夕方六時に坑内から上がってくると、李琓玉さんが事故死したことを聞いて驚くと同時に、大きい悲しみに包まれました。それは一九四四（昭和19）年六月初旬でした。六月六日であったことは後日わかりました。李氏は同郷の者ですから、事務所や作業現場へかけつけましたが、その死体は見られませんでした。記憶をたどってみますと、李氏が死んだのはその日の午後三時から四時ごろだと聞いております（注、西彼杵郡高浜村発行の火葬埋葬認許証には「死因、溺死」とある）。

その当時の食事は安南米《あんなんまい》の、ほんの少しのごはんと、ほうれん草汁だけでした。ごはんには、こぶし位のイモをいれていたので、そのイモを除くと、ごはんはスプーン三杯程度でした。二一、二歳の若者としては、当然栄養不足（注、当時は営養不足といった）であったことは確かです。今、考えてみても本当にかわいそうでした。

そこで、地上約一〇メートルも高いレールの上で、石炭満載の炭車を押していく重労働をしていた李琓玉氏はいつも、ひもじい、空腹に耐えられないと言っておりました。李氏の事故死の現場を目撃してはいませんが、同胞たちから聞いたところでは、炭車を押して行くレールの下の枕木《まくらぎ》のところに、ポッカリと穴が開いていた個所が、あちらこちらにあり、李氏はそのレールの穴から地上に落ちて絶命したということでした。炭坑では、事故死などで死亡した場合は、ただちに、〈処理〉する習慣があったので、そのころは検視官以外は、死体を見た人は余りなかった。結局、高島と端島との中間にある中之島の火葬場で死体を焼いて、その遺骨は再び端島の泉福寺にもどってくるということでした。

長身の李琓玉氏の遺骨も、泉福寺にはあったはずです。李氏は、常に〈お腹が減って、ひもじくて、苦しかった〉と口癖のようにいっていたので、本当にかわいそうで仕方がありません。あるとき、故郷から米餅が送られてきたので、金堤郡出身の者たちは一緒に食べた経験もあります。しかし、李琓玉氏が、ひもじくてたまらないという手紙を故郷に出しましたが、それは家には届かず、途中で検閲したらしく、警察官と舎監がやって来て、李氏を連行し、三、四日後に帰されたということもあったそうです。私は戦後、帰国のとき、船賃を除いて五〇円（当時、米一〇叺程度）をもらって帰郷。それ以外に会社から何ももらえず、現在に至っております。

（聞き手、端島韓国人犠牲者遺族会会長、李福烈）

第七章　三菱高島礦業所端島坑「華人労務者調査報告書」の欺瞞

長崎在日朝鮮人の人権を守る会は一九九三年、三菱高島礦業所端島坑が外務省に提出した「華人労務者調査報告書」を発掘、入手し、徹底的に分析するとともに、「さびついた歯車を回そう」と題してその全容を出版した（一九九四年一月）。以下はその「まえがき」と「『真実の隠蔽』と『欺瞞』を許さない。さびついた歯車を回そう」の全文であるが、再点検のうえ必要な修正を行なうとともに、適宜＊印によって注を付したものである。

まえがき

日本帝国主義の中国侵略戦争の激化とともに、戦争に必要な労働力や物資を全面的に総動員することを計画した天皇の政府は、一九三八年四月に「国家総動員法」を公布し、つづいて「労務関係勅令」を発動した。さらに企画院は「労務動員計画」を作成したが、それによって一九三九年一月には「国民職業能力申告令」を実施するとともに、七月四日には閣議決定の「国民徴用令」を発表し、ここから強力な労務動員が開始された。やがて同年七月二八日付の内務・厚生両次官名義の依命通牒「朝鮮人労務者内地移住ニ関スル件」が発令され、一〇月八日朝鮮で最初に「募集」（その実態は強制同様であった）された朝鮮人労務者が北海道の北炭夕張鉱業所に連行された。その日以来、一九四五年八月一五日の日本帝国主義敗戦・降伏＝朝鮮解放の日まで、一〇〇万人を越える朝鮮人が日本の各地に「強制連行」され、強制労働を強いられた。彼らは圧制、酷使、虐待の奴隷生活にたたきこまれ、ある者は苛酷な虐待と飢餓で、ある者は原爆等で、悲惨な死を遂げた。これら朝鮮人労務者の強制連行、強制労働、被爆等の実態調査を三〇余年にわたって続けてきた私たち長崎在日朝鮮人の人権を守る会は、今後も全九州におよぶ徹底的調査を続行する予定である。

一九四二年に東条英機内閣は「華人労務者内地移入ニ関スル件」を閣議決定し、中国から三万八、九三五人の中国人を強制連行し、日本全国の三五社、一三五事業所で強制労働させたが、日本政府は敗戦直後の一九四六年三月に、その経過報告書を各事業所に作成させ、それを外務省が「華人労務者就労事情調査報告書」としてまとめた。そしてわたしたちは、このたび、そのうちの一部、「三菱鉱業端島炭坑」分の全記録を発見、入手した。そこに記載されているのは、中国人労務者二〇四名のなまなましい圧制、酷使、虐待、飢餓、傷病の奴隷生活の悲惨な記録である。

ところで、これら諸報告書や就労顛末書を克明に見ると、記録者、つまり作成者は、酷使、虐待、圧制の事実を、故意に隠蔽し、否定している。報告書は、各処で「虐待等ノ事実皆無デアル」と繰返すのみである。それは、《戦争犯罪》に問われそうな事実を、ありのままに記載すれば、戦犯に指定され、賠償要求をつきつけられることを回避しようとしたからである。しかし、連行された二〇四人中、わずか一年余で七・四％に当たる一五人が死んでいる冷厳な事実を隠すことはできない。本書は、「華人労務者調査報告書」（三菱高島礦業所端島坑）と関連文書を可能な限りありのままに再現し、若干の考察を添えて開示したものであるが、賢明な読者は、ここに含まれる報告書のいずれを見ても、それが虚偽と欺瞞に満ちたものであることに気づくはずである。最も顕著なものは、端島地獄で亡くなった中国人労務者の死亡診断書であり、また遺骨の取り扱いである。

私たちは、当時の端島炭坑で中国人労務者を監督、酷使した日本人たちの《その後の動向》について、三菱鉱業を引き継いだ三菱マテリアル株式会社および関係者に問い合わせたが、その回答はいずれも《消息不明》というものである。ようやく探し当てた関係者の一人は、自分は知らない、自分に責任はない、何も語りたくない、と弁明するだけであった。それは、戦争犯罪に問われることを必死に避けているようであった。

本年五月、ＮＨＫテレビは「華人労務者就労事情調査報告書」、通称「外務省報告書」と、企業に書かせた「事業場報告書」、および外務省嘱託の調査員が作成した「現地調査報告」など、段ボール箱一〇箱余りに上るものを発見したと放映した。また八月一四日には、NHKスペシャル「幻の外務省報告書――中国人強制連行の記録」を放映した。ところが、私たちが「三菱鉱業端島炭坑作成の華人労務者調査報告書」全記録を、あるところで発見したのは、本年八月一日であり、ここに《歴史の奇妙な一致》を見る思いである。

読者は考えてほしい。もしも私たちの国があるとき外国に侵略され、国土も産業も奪われ、その上、祖国から強制的にその侵略国に連行され、厳しい強制労働をさせられ、殺されたならば、どういう思いを持つだろうか。朝鮮人も、中国人も、そのような奴隷生活を日本帝国主義政府と企業によって強要されたのである。

侵略し、強制連行、強制労働に追い込んだ側にとっては、その痛みは感じないが、された側には、その痛みはいつまでたっても、深く心に刻み込まれる。この意識の差が、両国の間に埋めがたい溝をつくる。日本と朝鮮、中国の間は、現在もこのような状況にあるが、その根本的原因は、日本側が過去の朝鮮・中国侵略の戦争犯罪を真剣に反省せず、隠蔽することに躍起となり、その責任を明らかにしようとしないことにある。

本書は、その反省をすべての日本人に迫るために作成されたものである。

一九九三年一二月三一日

長崎在日朝鮮人の人権を守る会代表　岡正治

「真実の隠蔽」と「欺瞞」を許さない。さびついた歯車を回そう

一九四五（昭和20）年八月一五日の日本敗戦によって、日本政府（外務省）は、当時国内の各事業所・会社で「酷使」していた中国人（公文書にはすべて「華人」とある）の処遇、特に帰国措置について敏速な方策を執る必要に迫られた。それが、外務省から全国の事業所、会社宛に発送された「華人労務者帰国取扱要領」であり、三菱高島礦業所端島坑（以下、単に端島炭礦という）はそれを同年九月二〇日同坑勤労部主席佐久間三郎（一九四四年二月七日・華労直接取扱主任就任）が受領している。その冒頭には「一、帰国措置ニ関シテハ契約ノ本旨ニ従ヒ華北労工協会及雇傭者ノ責任ヲ以テ完遂ヲ期スルモノトス」とあり、つづいて「二、（イ）概ネ九月下旬ニ開始シ十月下旬ニ完遂スルヤウ帰国セシム（以下略）」とあり、以下帰国手続きが詳細に説明されている。そのほか、「指示事項」もあり、華人労務者帰国取扱要領に関する件以外に、各事業所の査察に関する件、事件関係説明資料作成の件、華人労務者送還名簿作成の件についての解説がある。最後に、日本政府および各事業所のアリバイ工作とも見えるものとして「その他華人労務者取扱につき契約に基づく公正妥当なる取扱をなせることを証明する資料は出来る限り多数蒐集確保しおくこと」が付け加えられているが、まさに官公民の周章狼狽のようすがよく示されている。しかし、歴史の歯車をさびつかせる《伏線》がこれらの文書の随所に見受けられる。

つづいて一九四六（昭和21）年二月、外務省は中国人を「酷使」していた各事業所に対して、「事

業場別華人労務者調査項目及報告様式」というマニュアルを送付し、同年三月に提出すべき「華人労務者就労報告書」の記載方法を指示した。端島炭礦もこの指示に基づいて、三月には「華人労務者就労顛末報告書」（本報告）、付表および付属書類を作成し、外務省から「出張」した「関係調査員（同省嘱託）」に手交している。この調査員は、すでに送付したマニュアルに基づいて端島炭礦勤労課職員を「指導」して、これらの報告書作成に当たっていることは確実であるが、その氏名は完全に隠蔽されている。ただ北海道の炭礦の調査には、当時外務省の嘱託であった大友福夫氏が携わっていたということは、すでに明らかにされている（一九九三年九月四日付朝日新聞長崎版）。現在、専修大学名誉教授の同氏は「中国人強制連行が外交問題に発展する場合に備えて報告書を作った。当時の業界には強制労働者の労賃などを（日本）国に要求する動きがあったので、正確に記述されていない可能性がある」と語っている（同上）。

本会は、端島炭礦が外務省に提出した、これらの諸報告書全部を入手し、そこに記載されている内容の「欺瞞」と、そこに秘匿されている事実の発見につとめ、「政府と軍需廠三菱」の犯罪性に迫るつもりである。

一　中国人強制連行を推進した三菱長崎造船所

アジア侵略戦争遂行にともない、日本帝国主義政府は労働力不足を補うために、各地の事業所、工場、会社への中国人強制連行と強制労働を計画し、一九四二（昭和17）年一一月、東条英機内閣は「華人労務者内地移入ニ関スル件」を閣議決定し、これを実施した。「移入」というものの、実態は「強制連行」であり、「日中の友好団体などによる『中国人殉難者名簿共同作成実行委員会』の調べによれば、河北・河南など一〇数省から少なくとも約三八、〇〇〇人の中国人が日本に連行されたとみられる」(前掲朝日新聞)。そのとき、現地の「人狩り」機関と、各事業所、工場、会社等との間で締結させた「労務契約書」によって、表面を糊塗しながら、中国人を強制労働に狩り立てたことは確実である。ここで問題になるのは「華北労工協会」とは何かということであるが、日本軍がでっち上げた汪兆銘政権を利用して作った実体のない組織と思われる。報告書中、日系と華系の職員なるものが出てきて、葉山実と徐長庚(山東省寧縣城門大街)(＊長康との記載も見られるが、庚が正しく、康は同音の誤りであろう)がそれらしいが、果たした役割は不明である。

中国人を中国本土から「狩り集め」て塘沽港で乗船させ、日本の軍需工場等へ送りこみ「契約労働者」という美名で強制労働させるため、中国現地に組織した「華北労工協会」の実体については、これら諸報告書は一切明らかにしていない。「華人労務者就労顛末書」中、「二、移入配置及送還事情、(二)移入状況」に「募集機関—華北労工協会、募集方法—一般供出」とあり、「契約」人員二〇四名は、「募集」といいながら、物品同様に「供出」したとする人間無視ぶりである。同協会は、日常的に強行されていた非人道的な活動ゆえに、日本の敗戦と同時に、「中国現地の同機関は大混乱」を招来し、責任者も行方不明となり、活動不能に陥ったものと推定される。したがって、帰国する中国人を同協会が全責任をもって、帰郷するまでの世話をすることはできなかったはずである。これを裏付けるものは、「華人労務者帰国取扱要領」において「五、帰国輸送ハ北支(注、北部中国)港湾マデトス」と明記し、責任回避をしている事実である。一九四四（昭和19）年四月二五日付けで、三菱長崎造船所長小川嘉樹と「華労工」（中国人労務者）の雇傭契約を締結した「華労協會理事長・趙琪」は、日本敗戦当時どのような行動をとったかについては、この報告書は説明していない。

二 「離島ナルヲ考慮シテ」端島炭礦へ

華北労工協会理事長・趙琪と、三菱長崎造船所長・小川嘉樹が、一九四四（昭和19）年四月二五日付で締結した「契約書」には、「昭和十九年二月五日大日本帝国ノ計画並ニ華北労工協会ノ労工供出方ニ基キ華北労工協会（以下甲ト称ス）ハ三菱長崎造船所（以下乙ト称ス）ニ対シ甲ガ供出スル労工使用ニ就キ左記ノ通リ契約ス」とあり、第一条には、「乙ハ一九四四（昭和19）年（民国三三年）五月下旬ヨリ向フ二年間ノ期限ニテ甲の供出スル労工ヲ使用スルモノトス」と明確に記載されている。ところが、この契約は守られず、これら中国人労務者は陸上工場である三菱長崎造船所には就労されず、突如三菱礦業端島炭礦という絶海の孤島へ送られた（＊県内の三菱系炭礦である高島炭礦、崎戸炭礦にも送られ、いずれも島である）。その理由および経過について「華人労務者就労顛末書」は、その冒頭でつぎのように釈明している（注、原文には句読点がないが、読みやすくするため適宜句読点を付し、旧字体は新字体に改めた。以下、同じ）。

「一、事業場及関係者　概要　戦争中、当事業場ニ於テハ日鮮人労務者ニ依リ概ネ充員セル為、別ニ華労ノ就労ヲ必要トスル事情ナカリシモ、三菱長崎造船所カ華北労工協会ノ斡旋ニヨリ華北ニ於テ募集移入セル華労ヲ内務省外事課関口理事官及本間属ノ齎ラセル本省指示ヲ受ケ、秋葉（保廣）警察部長及中村（博正）外事課長ヨリ、当所ノ離島ナル関係等考慮シテ既ニ就労中ノ半島人ト交換ヲ条件トシテ該華労ノ受入方ヲ強要セラレタルモノニシテ、従ツテ華労勤労管理ハ県外事課並ニ華労ヲ引率来坑セル華北労工協会職員（日系一名、華系一名）直接之ニ当リ事業場側トシテハ寮長其ノ他係員ヲ配置管理ヲ助ケシメタリ」と。つまり、中国・華北地方で「人狩り」されて集められた中国人労務者たちは、一九四四年六月一八日に三菱長崎造船所ではなくて、端島に上陸させられた。同時に、華北労工協会職員、桑山実、徐長庚の二名は、端島炭礦の「華労指導員駐在所」に、社外華労指導員として勤務させられた。報告書に記載されている「徐長庚通訳」は、華北労工協会職員であることは明確である。このうち、桑山実は一九四四（昭和19）年一〇月三〇日付けで退任し、徐長庚は一九四五（昭和20）年一一月一九日付けで端島を退去している。

「華人労務者就労顛末書」中の「三、華労関係者」の項では「(三) 華労ノ勤務管理―専任ノ県派遣常駐官憲並労工協会職員主トシテ之ニ当リ、事業場側寮長其ノ他係員之ヲ助ク」とあり、田中警部補、渡辺三代作巡査部長、矢浦久三巡査部長の三名が一九四四（昭和19）年六月一八日付けで発令され、「華労駐在所」に勤務した。しかし田中警部補は、同年八月に退任、また矢浦巡査部長も一九四五（昭和20）年一一月一九日付けで退任。渡辺巡査部長のみが中国人労務者解放後も引き続き「端島巡査部長派出所」に勤務した。彼らは中国人圧制・監視の機関であり、内務省警保局、当時の特別高等警察から派遣されて来た者である疑いが強い。果して長崎県警察本部の警察官ＯＢの「警友会名簿」にも「年金受給者名簿」（警察内部の）にも、原口、伊藤、渡辺の氏名は記載されていない。（付表二）「関係者名簿」備考欄に記載されている「(警察官)其ノ他四名不明」はまことに奇怪な表示である。移入送還時付添人として重要な任務に就いた者の氏名が不明であることは納得できない。特高警察官の疑いが濃厚である。

この事業場変更の理由については、「顛末書」に詳細に説明されておらず、ただ「内務省外事課の指示を受けた」、「端島が離島であることを考慮した」と簡単に言及しているのみであるが、敵国人であり、共産主義者の存在も疑われる中国人を陸上に居住させるより東支那海の孤島に閉じ込める方が、治安上および労務管理上より見て得策と考えた内務省の治安当局の考え方が全面的に支配していたと考えざるを得ない。中国人の人権などは完全に黙殺したのである。

三　入坑拒否事件の発生

そこで、ここに「中国人労務者の入坑拒否事件」が発生する。「顛末書」中の「二、移入配置及送還事情」の項に、「配置中起リタル事故左ノ如シ　(一)入坑拒否事件　当初華労全員三菱長崎造船所就労予定ナルモ、県ノ方針ニ依リ炭坑ニ転換サレタルヲ不満トシ、入坑拒否(約半数)ヲナス、関係係員ノ誠意アル説得ニ依リ即日決定シ入坑ヲ承諾ス」と簡単に記載されているが、事件は決して小さいものではなく、強固な不服従運動が展開されたものと想像することができる。周囲約一・二㎞の絶海の孤島「端島炭礦」に連れ込まれた二〇四人の中国人労務者の約半数、一〇〇余人が入坑拒否のストライキを敢行したとき、それを実施した「誠意ある説得」とは何か。事業所と官憲の渾然一体となった示威、脅迫に終始した、官公民の強力な圧力であったことは、疑う余地はない。中国人労務者が強く要求したのは、単なる口先だけの「説得」ではなくて、契約をじゅうりんしたことに対する、おわびと謝罪であったと思われるが、事業所と官憲は、威圧をもって臨み、脅迫で《屈従》させたものであることは、きわめて明らかである。当時の中国人労務者たちは、屈辱と共に断腸の思いであっただろうと推察すると、日本人としてまことに慚愧にたえない（＊この入坑拒否事件については、長崎の中国人強制連行裁判の原告団長・李慶雲氏が法廷に提出した陳述書に詳細に語られている。本書九〇頁参照）。

また、華北労工協会と端島炭礦との間に当然変更締結された契約書が全然見られないことは、「端島炭礦就労変更」が完全にヤミ取り引きであったことを証明するものである。

四　虚偽と欺瞞に満ちた「労務及給与事情」

一九四六（昭和21）年三月に提出を各事業所に義務づけた外務省は、「華人労務者就労顛末報告書」作成についてのマニュアル（手引き書）を、「端島炭礦」にも送達しているが、その九枚目に「四、労務及給与事情」中の「三、給与待遇」の項で「（一）概要　給与ハ正当公平ニ支払ハレタリシヤ、日鮮人トノ給与待遇ノ比較」を記述するように指導している。「端島炭礦」が作成、外務省に提出した「華人労務者調査報告書」（華人労務者就労顛末書・昭和二一年三月）は、この指示に従って、「四、労務及給与事情　一、概要　日鮮人ニ比シ二分ノ一程度ノ労働ニ従事セシメ、賃金等ハ政府ノ指令ニ従ッテ支給セラレタルヲ以テ、当時ノ賃金トシテハ寧ロ日鮮人ヨリ好條件ナリ（注、当時日鮮人ハ平均一日四円程度支給セルモ華労ハ一日五円トナル）二、労務事情（一）概要　日鮮人ヨリ安易ナ作業ニ従事セシム」と記載している。

しかし、これほど「虚偽」であり「鉄面皮」であり、事実を隠蔽した報告書は他に例を見ないであろう。中国人は中国語で「チョン・クウオ・レン」といわれていたが、ほとんどの日本人はこれを訛って「チャンコロ」と呼んで軽蔑し、朝鮮人とともに徹底的に差別し、軽蔑していた。一九三七（昭和12）年の「支那事変」といった宣戦布告なき「日中戦争」が始まって以来、この傾向は強まり、中国人を普通の人間と見ていなかった。その差別、虐待、蔑視、圧制の極限が、同年一二月に発生した「南京大虐殺事件」である。その中国人の労働者に対して独占資本三菱礦業株式会社の「端島炭礦」が、日本人、朝鮮人労働者の二分の一の仕事量で、日本人・朝鮮人の日給四円に対して五円も支給したということは、到底考えられない「虚偽」記載であり、事実を隠蔽した悪質な欺瞞行為である。

また「華人労務者就労顛末書」中、「四、労務及給与事情」の「四、生計状況」（六）には「積立額（預貯金等）昭和二十年五月賃金規定決定以後ノ会社貯金トシテ預入ル、総額三七一、四七八円〇〇（利子一一、一四四円三四）」とある。これはマニュアルによれば「（六）積立金（貯金等）ノ積立方法及送還時ニ於ケル支払状況」とあって、敗戦後の送還時には当然各個人に支給すべきものであるが、「顛末書」のいずれの報告書にもこの詳細について明らかにされていない。一日二交代制の過酷な労働を、労働時間十時間（＊これも虚偽記載であり、一日一二時間労働であったことは明白）という強行作業に従事させて、「政府ノ指令」通りの賃金を支給せず、積立金すらも返却しなかった「端島炭礦」の

「報告書」の内容に基づく中国人労務者の賃金総額の概算

労働者総数（総隊長を含む） （炊事長1名は別計算、中途帰国5、中途転換2、投獄2、死亡者14の24名を除く）	181人
就労実日数 （1944年7月1日から45年7月31日まで、休日、祭日を除いたものとして算定）	331日
稼働率（出勤率、報告書中、四労務及給与事情（四）作業状況より）	90%
全労働日（就労すべき日数×稼働率）	298日
基本給総額	5円×298日×181人 ＝269690円
祭日手当　一人全期間6円	6円×182人＝1092
総隊長加算　100%加算	5円×298日＝1490
正副中隊長加算一人60%	5円×0.6×298日×8人 ＝7152
炊事長（加算分も含め、休日なし）	5円×1.6×395日＝3160
稼働停止後の賃金（45年8月1日から11月18日までの就労見込）	
就労見込日数	108日
基本給総額（日当の60%）	5円×0.6×96日×181人 ＝52128
総隊長加算	5円×0.6×96日＝288
正副中隊長加算	5円×0.6×0.6×96日×8人 ＝1382.4
炊事長	5円×1.6×110日＝880
以上合計	337262.4

以上337,262円40銭に、途中帰国者の他23名の受け取るべき給与、死亡者への弔慰金、「廃疾者」への見舞金等を加えると、収入総額371,478円に近い金額になるものと推量される。

暴力的な強制労働政策は、天人ともに許しがたいものである。

報告書の内容を正しいものと仮定して、中国人労務者の受け取るべき給与を概算すると別表のように、「四、生計状況」の収入総額三七一、四七八円という金額の計算は妥当な値だと言える。ただしそれは計算上のことであって、支払われたかどうかを示しているわけではない。

ここでの隠された問題は次の点にある。まず端島坑が内務省の指示に従ったというその「華人労務者賃金基準」である。その第一の「九、賃金ノ支払」に言う。「賃金ノ一定額（一般労務者ニ付テハ一月一〇円程度トシ、幹部労務者ニ付テハ適宜定ムルコト）ヲ所定ノ賃金支払日ニ本人ニ支払ヒ残額（食費ヲ徴収スル場合ハ其ノ額ヲ控除シタル残額）ハ之ヲ本人名儀ノ郵便貯金トスルコト（以下略）」と。

これによって中国人労務者一人につき、月額一〇円程度しか現金支給していないことは明らかである（＊現金は一切支給されなかったことは、長崎の中国人強制連行裁判によって事実認定された）。その上で積み立てられた、個人名義の郵便貯金はどうなったのか。中国人の帰国時（送還時）に支払われたのかどうかは記載されていない。「送還寄託金表」があり、各個人の寄託金額が記入、総額一九三、二一〇円となっているが、これは個人に支払ったものでないことを示すとともに、だれか、あるいはどこかに預けたかということなどは、一切不明である（＊小切手を渡されたが、換金の指定銀行であった天津の正金銀行は既に閉鎖されており、換金できなかったことも裁判で事実認定された）。

郵便貯金であるからその利息の支払い問題が生じるが、そのことについて、「給与事故調書（付表一七）は、「送還出発指令突然ノタメ計算支給予猶ナシ」として利息を支払わず、その額一一、一四四円三四銭となっている。それでは元金は支払われたのかどうか。報告書の中で最もずさんな記入がされているのが、この給与問題についての「諸給与調書（付表一二）」である。文字そのものの判読が最も困難でもあり、また、大部分が記入漏れで未完成である。

虚構の上になされた報告書のほころびが、この給与問題にはっきり示されている。中国人たちから直接追及されたら言い逃れが出来るはずがない。また監督官庁に別の形態で給与支給の実態を証明する文書が存在していると思われることから、虚構を完成させることができなかったのではないかとも推量できる。

日本帝国主義の敗戦、それは中国人、朝鮮人の勝利と解放の時でもあった。戦後ただちに朝鮮人の企業への未払い金要求のたたかいが全国に拡大し、それへの警察の弾圧が吹き荒れたが、強制連行、強制労働の恩恵に預かってきた企業は決して安穏とはできなかったであろう。それを崩していくのが本会の使命である。

さらに「顛末書」中「三、受入施設及関係事情」の「三、被服事情」（三）には「被服上下一着、シャツ上下一着、外シャツ一枚、作業服（作業道具一式共）二着、其他手拭、靴下、褌、日常必需品等一切を支給ス」とある。そして「四、送還状況、（二）送還時給与状況」では「県側ノ指示規程ニヨリ、送還時当リ被服上下二着、シャツ一着、地下足袋一足、単靴一足、手袋、靴下等（乗船地ニテ更ニ服一着支給）」とある。ところが、この「帰還の際に支給した衣服類」についての報告は、他の個所にも出てくる。それはつぎに示すものであり、結局衣服類支給報告は虚偽である。「四、労務及給与事情」の「三、給与待遇」（四）には「送還時ハ別ニ賃金支給ヲナサザルモ、上陸地迄ノ食糧（約十日分）ヲ支給ス、外毛布一枚宛洋服三着、単靴其ノ他別表ノ如ク支給セリ」とある。しかし、「現地出発ヨリ帰還迄ノ全期間ニ於ケル支給状況ヲ示」す「付表五、被服支給状況」を見ると、それらのうち、服上下については、その数字は虚偽のものであり、帰還の際の支給品も虚偽報告の疑いが濃厚である。

ついで「食糧事情」であるが、「顛末書」中「三、受入施設及関係事情、四」には「健康保持及作業従事上必要量ヲ県ノ指示ニヨリ確實ニ支給セリ、戦争後期モ同様ナリ」とあり、（付表六）「食糧支給量」には「本表数量ハ一人一カ月平均支給量トシ、数量ハ液体ノ外ハ凡テ重量（瓦又ハ貫匁）ヲ以テ表示ス」とあって、「主食（小麦粉八キロ、高粱一キロ、米五キロ、麦二キロ、米粉三キロ、粟一キロ、大豆一キロ、豆類二キロ）、副食（牛豚肉二〇貫（一貫＝三・七五キロ。従って七五キロ）、鮮魚一九五〇貫（七、三一二・五キロ）、野菜一二六〇貫（四、七二五キロ））」とある。

しかし、一カ月に米五キロは一日分一六六グラムとなり、大人一日分の必要量の約半分にしかすぎない。ところが、牛豚肉一カ月七五キロは一日分二、五〇〇グラムとなり、当時の食糧事情を考えた場合、きわめて多量であることはだれの目にも明らかである。つまり、主食も副食も決して《正確な数量》ではないと断定せざるを得ない。いずれにしても、これら副食の数量は常識外で、単位の誤りか、全員分の数量としての表示のつもりかも知れないが、デッチ上げ「報告」の特徴をよく表していると思う。

「三、受入施設及関係事情」の「一、概況」において、「華労ニ満足セシメル程度ノ支給ハ不可能ナルモ、大体食糧等ハ県ノ指示ニヨリ確實ニ支給ス、従ッテ其ノ不足ニ基因シ或ハ医薬等ノ欠乏ニヨリ死亡疾病ヲ発スル様ナコトナシ……寧ロ一部日鮮人ヨリ稍々優遇サレシ程度ニシテ、華労ニ対シ虐待等ノ事実ハ皆無ナリ」とあるが、このような生活環境が本当に保たれていたのなら、なぜ大量の病人を出したのか。「疾病統計（付表七）」を見るとき、この報告書がいかに虚偽のものであるかが判明する。

三菱高島礦業所端島病院の中国人の罹病者（病気、怪我で治療を受けたもの）総数は、のべ一、二二四人だ。約一五カ月間に二〇四人が六回も外傷とその他の病気で治療を受けなければならない労働および生活環境は全く異常である。

また心臓麻痺で五人が死亡しているが、診断書ではみんな突然死である。おそらく過労と栄養不足が要因であろう。さらに感冒にかかった者が一六九人いるが、報告書通りの生活環境で、これほど感冒にかかるとはどういうことか。腸炎は一二七人、何を食べさせたら、二人に一人の率で腸炎になるのか。これでも「中国人に適した食事を、中国人自身が料理し、十分に食べさせた」などと言うのか。真実を隠蔽した報告と言わざるを得ない。

さらに報告書ではなぜか水――飲料、浴用などの真水――について一切触れていない。端島（高島も）で生活する上で最大の問題は水の確保であったはずだ。高島町では、一九六〇年頃まで浴場の湯は海水を沸かしたもので、掛かり湯だけが水ということが続いていた。端島・高島には一九五八年まで、長崎市土井ノ首町（当時西彼杵郡）から水を船で運んでいたのは周知のことである。報告書提出を求めた外務省は端島の水についての実情を知るよしもないので、そこまでは言及しなかったと思われる。また、まともな報告をするつもりもない三菱は、生活、医療、食事の最大の問題である水の確保の問題に触れなかった。しかし、それが報告書の虚構が崩れることに気づかなかったのである。

五　特殊慰安という買春宿

絶海の孤島「端島炭礦」へ送り込んだ三菱礦業株式会社は、「華人労務者就労顛末書」中「三、受入施設及関係事情」の「六、慰安施設」で、つぎのように記述する。「（一）概要　資材不足ノ折充分トハ言ヘザルモ、事情ノ許ス限リ慰安施設ヲナシ、特ニ終戦後ハ料理屋等ノ出入ヲ自由ニセシム、（二）蓄音機、ピンポン、庭球ノ設備アリテ利用セシム、（三）慰安施設ノ状況　一、蓄音機、ピンポン、庭球等ノ設備アリ利用セシム　麻雀、双六、花札、ハモニカ、尺八等　二、映画　毎月一回以上、慰霊祭　中秋節　祝賀　其ノ他食事中、素人演芸会等ヲ催ス　三、嗜好品（酒、煙草）ハ毎月日鮮人同様量支給ス　（四）特殊慰安　終戦後ニ於テハ料理屋等出入ヲ自由ニシタルモ、性病等ノ発生ヲ認メズ」。

しかし、これほど内容の乏しい報告書は他に類を見ない。「麻雀、双六、花札、ハモニカ、尺八等」は、人間生活として当然の趣味、娯楽であって、特別に「許可」したり、恩きせがましく「娯楽」だというほどのものではない。また、「ピンポン、庭球等ノ設備アリ利用セシム」とあるが、「顛末書」提出当時の端島全体の詳細な見取り図によれば、同島の西北隅の猫の額より小さい地区に鉄条網で取り囲まれた宿舎内で、ピンポンや庭球ができるはずがない。同地区の西南部に広場があるが、そこは全島民の唯一の運動場であり、そこで中国人労働者に庭球をさせたということは想像できない。つまり「ピンポン、庭球等ノ設備アリ利用セシム」というのは全くの虚偽の報告であって、「設備はあっても利用させなかった、利用できるはずがなかった」というのが実態であろう。「敗戦後、あの広場で庭球をする者もいたが、それは端島炭礦の幹部社員たちであって、坑員には庭球のためにそこを利用させなかった。戦時中に交戦国であった中国人の労務者にそこで庭球させたとは信じられない」（山下直樹氏）。また、朝鮮人労務者、日本人労務者には「特殊飲食店」（小遊廓）に通う自由を与えても、中国人労務者には絶対に行かせなかった。彼らは敵国人であり、捕虜として扱ったからである。

なお、外務省の指示文書（事業場別華人労務者調査項目報告様式）と照合すると、政府が「特殊慰安所＝買春宿」設置を奨励していたことは事実である。戦前、戦中、敗戦後しばらくの間は、遊廓や軍隊「慰安所」はどこにでもあって当たり前、なければ性問題は処理できないではないか、また「良家の子女」の貞操を守るためには、これらは必要だと豪語していたのが政府の姿勢であった。特に留意すべきことは、買春を強制された女性とは一体誰だったのか、ことに島全体が監獄である端島で「慰安婦」にされた女性はどういう人だったのかということである。端島では日夜の荒淫生活で心身をすり減らして、一九三七年六月二七日、「クレゾール液」を飲んで自殺をはかった「特殊飲食店」の朝鮮人酌婦・盧致善さん（一八歳）の人間性は完全に抹殺されていたのである（「原爆と朝鮮人」第四集七六ページ）。端島炭礦はどのような責任をとるつもりか。朝鮮人「慰安婦」問題は、日本の国家的犯罪である。

六　「死亡診断書」への疑念

「顛末書」中、最も信憑性に乏しく、内容に強い疑義を抱かせるものは、多くの「死亡者顛末書」「死亡診断書」、「診断書」「死体検案書」と、その内容であり、つぎの諸点についてはどうしても納得できない。

（一）「医療衛生事情」には「（一）疾病傷害ノ原因①外傷トシテハ（付表七）ニ示ス如ク挫創打撲傷擦過傷及旧創最モ多数ヲ占メ、之等ハ主トシテ作業中ニ負傷セルモノ多ク、又軽微ニシテ放置セシ為メ旧創ヨリ化膿セシモノ多数ヲ認メタリ」とあり、（付表七）には「挫創一六二、打撲創八四、擦過創四一、舊創一一四」と記録されている。しかしこれらの外傷は決して「作業中ニ負傷セルモノ」ではなく、作業現場指導員のリンチ（私刑）、打擲によるものであることは歴然たる事実である。坑内において石炭を採炭、掘進、運搬する作業に従事中に「打撲傷」を受けるのは、だれかが打撲したからである。指導員のリンチ、制裁、打擲を不問に付して「作業中に負傷シタ」とは、真っ赤な贋診断であり、炭礦会社と医者が完全に《共謀》した事実を示した、捏造文書である。（付表八）では、挫創、打撲、擦過傷の原因を「硬によるもの五八」「炭車によるもの二六」「坑木によるもの一四」とあり、「其他五」と傷害種類を分類しているが、これらの数字をそのまま信用することはできない。

（二）「中国人身体検査結果（来島当時）」中、「有疾病者中乙Aニ属スル者（合格）一八名」と記載しておきながら、実際の名簿には二〇名の氏名を列記している。身体検査結果の公表は正確であるべきものにもかかわらず、実にずさんな発表を行っている。しかも、そこに「右肩胛部ノ貫通銃創ニ因ル右上肢機能障害、張長義　一七歳、治癒ノ見込ナシ」と記載されているが、右肩胛部に銃弾で貫通銃創の負傷をしている者が、そのままの姿で端島炭礦に来島したということは一体何を意味するのか。それは、①中国本土から端島へ移送途中に銃弾で負傷したか、②端島に来島し、身体検査を受ける直前に銃弾で負傷したか、のいずれかであろう。また張長義氏に銃弾を撃ち込んだ者はだれか。この疑問に答える内容を示す報告書は「顛末書」中には全然見当たらない。刑事事件すらも闇に葬られているではないか。銃弾で右肩胛部に貫通銃創を受けた者を「労務者」として中国から日本へ送り込むことは到底考えられない。

(三)「死亡診断書（付表九）中に記載される一五名の死亡者のうち「王玉蘭氏」は一九四五（昭和20）年二月二四日死亡、死亡原因は「入坑途中ケージヨリ坑底墜落」、「疾病名又ハ負傷個所及程度」は「頭蓋複雑骨折」、治癒経過は「変死」、「死亡者顛末書」には「休養時充分睡眠セズ遊ビ、ケージ後端ニアリテ仮睡墜落セルモノナリ」と記載されており、「死体検案書」には「創傷部位一、頭蓋ノ複雑粉砕骨折、前額左側ヨリ右耳上部を繞リ外後頭結節部ニ亘リ軟部裂創アリ、前額骨頭蓋ノ右半分側ハ粉砕セラレ、骨片ノ一部ト共ニ大脳小脳ノ殆ド全部飛散シ、脳底ノ骨面ヲ露出ス（中略）致命傷第一創ノ為即死シタルモノニシテ、死後約弐時間経過シタルモノト認ム」とある。結局、王玉蘭氏の死亡原因は明確ではなく、ケージと坑との高さも不明であり、死後二時間も放置されていた理由も明記されず、単なる墜落死か、私刑によるものか、きわめて不明確なものがこれらの報告書に充満しているといわざるをえない（＊前記原告団長の李慶雲氏は法廷に提出した陳述書に、「王玉蘭は身体が弱く、歩行が緩慢なことに日本人の監督が腹を立てて、エレベーターに乗ったとたん残酷な監督が蹴り飛ばし、墜落死させた」と記している）。

（四）「死亡者顛末書」添付の「死亡診断書」「診断書」「死体検案書」等は、その都度作成したものを、一九四六（昭和21年）年三月に再調整したものと想像されるが、「その都度作成したもの（原簿、原文）」は「端島炭礦病院」に保管されていたとして、一九七四（昭和49年）年廃坑後、どこに保管されているのか。徹底的に追及する必要がある。

中国人の連行後、最初の死者となった張増壽氏（一九四四年七月一日）より最後の王云起氏（一九四五年一〇月六日）までの、朝鮮人と中国人の死者の総数は三五人。そのうち子供と戦災死（朝鮮人）を除外すると二九人が死亡（「原爆と朝鮮人」第四集に基づく）。「第四集」では、朝鮮人労務者は五〇〇人で、その死亡率は日本人労務者に較べて異常に高いことが指摘されているが、二〇四人（帰国・転出を含め）の中国人のうち、同じ時期に死亡した朝鮮人とほぼ同数（一四人と一五人）であることは、中国人がより過酷な環境に置かれていたとは言えまいか。過酷さを較べることはできないが、報告書が「日鮮人に比シ」中国人を優遇したというのが嘘であることを示している。

七　威圧に終始した労務管理

「顛末書」中「五、華労ノ態度及事業場態度」には、中国人労務者に対する高圧的労務管理のあり方が如実に示されており、思想、行動ともに逼塞状態に迫られて行った中国人労務者の悲惨な実態が想像される。まず、「一、概況　華労ハ日時ノ経過スルニ従ヒ協力的態度ヲ示シ、事業場側又華労ノ習慣等ヲ考慮シ、政府指示ニ従ヒ之ヲ指導ス　従ツテ終戦後ト云ヘドモ事故発生皆無」とあり、端島炭礦事業場側の労務管理がいかに良好であったかということを自画自賛している。しかし、日本のアジア侵略戦争の激化に伴い、石炭増産の国家命令で連日連夜酷使され、物資不足による衣食住の生活悪化によって疲労困憊し、肉体的・精神的に追い込まれた中国人労務者は、炭礦側職員や炭礦内指導者に抵抗する力も日々つとに衰弱していったものと想像され、決して《心底から》炭礦側に屈従したものではないと推察される。彼らがおとなしくなったのは、炭礦側の労務管理が温情的であったとうぬぼれることは欺瞞にすぎない。

また「二、華労ノ態度　（二）概要」には「移入輸送中ハ只不安ノ気持ヲ以テ何等別ニ表現サレタル態度ナシ、受入直後ハ事業転換ノ為メ入坑拒否等幾分不平ノ態度アリタルモ、其ノ後係員官憲等努力ニ依リ安定感ヲ抱キ増炭ニ協力的態度アリ、終戦後ハ幾分驕リタル態度アリタルモ全般的ニ明朗ニシテ（以下略）」とあるが、これらの報告内容は、歴史の真実を伝えていないことは容易に推察され得る。つまり「①事業転換ノ為メ入坑拒否等幾分不平ノ態度アリタルモ」とあるが、全労働者二〇四名中半数ヲ越える者がストライキを敢行したという大事件を「幾分不平ノ態度アリタルモ」と表現していることは事実隠蔽であり、「②係員官憲等努力ニ依リ安定感ヲ抱キ増炭ニ協力的態度アリ」という記述も事実ではなく、威圧、圧制、暴力等でおさえ込んだ疑いがきわめて濃厚である。また「③終戦後ハ幾分驕リタル態度アリタルモ」と冷やかな記述で、日本敗戦当時の中国人労務者の姿を見ているが、戦勝国中国の国民である彼らから見れば、アジア侵略戦争を強行し、そのアジア最大の国家、中国の国民を「人間狩り」して日本へ連行し、端島炭礦で強制労働させ、敗戦後も彼らに謝罪しない日本政府、大企業、三菱独占資本、「端島炭礦」社員たちこそ、「心おごりたかぶった」傲慢そのものではないのか。これらの「報告」内容は全く事実を隠蔽した、無反省な《開き直り》である。

さらに「三、配置状況」では、「(四)元来三カ月程度ノ訓練ヲ実施スル予定ニシテ訓練実施ニ着手セル處……七月以降短時間ノ坑内見学実習ヲナサシム」とあるが、三カ月の予定で訓練を実施し、七月以降短時間の坑内見学を実施したというならば、六月一八日から三カ月後は九月中旬のはずであり、その訓練期間の、しかも坑内見学だったはずの七月二二日に新清涯氏が心臓麻痺で死亡している。その時、硬積作業に就いていた(死亡者顛末書・死体検案書)ではないか。「公傷病者調書(付表一一)」では七月六日に劉振國氏が左顔両肩を打撲する怪我をしている。そして「就労ノ具体的成果(付表一九)」には、七月一日から作業に着手したと記載されている。これらは明らかに矛盾であり、虚偽の報告にすぎないことを示しているではないか。

そして、「二、移入配置及送還事情」中、「(三)応募者ノ素質、(六)移入当時ノ身体検査ニ依レバ二〇四名中健康者一五六名」とあるが、健康でない者までも、きびしい炭礦労働(最初は造船所の予定だったかも知れないが)、強制労働に就かせることになる「契約ニ基ク雇用」とは一体どういうことなのか。たとえ、契約とは中国人個人との契約ではなく華北労工協会との契約をさしているとしても、これは明らかに矛盾する。

結局これは、強制連行であったことの自己暴露にすぎないと断定せざるを得ない。端島上陸時検診で二〇名（全体の一割）が疥癬、皮膚病にかかっているが、それは連行の悪循環を示すものである。さらに疾病者三〇名中一〇名が強度の重症であり、残る二〇名も治癒まで二、三週間を要する重症である。また全治三カ月以上（三名）や治癒の見込みなしという者まで、つまり連行しても労働力になりえない者まで含まれていることは、単に労働力確保だけを目的にした連行でなかったことを明示している。

なお、端島炭礦労働組合編集・発行の「軍艦島――端島炭礦解散記念史」（一九七四年）によれば、端島坑の職員数は一九四四年一五七人（坑員二、一五一人）、一九四五年一六三人（坑員一、四三六人）となっているが、そのうち四六人が中国人労務者担当職員となっている。その他に警官三名（医師や移送送還時の付添人、本社関係は除く――関係職員名簿・付表二）。つまり、日本人・朝鮮人労務者一、九六八人（二、一五一人マイナス一八三人）に対して担当職員は一一一人（一五七人マイナス四六人）ということは、職員一人が労務者一八人を担当していたことになる。それに比して中国人労務者一八三人に対して担当職員四六名というのは、労務者四人に担当職員一人ということになる。これは全島、全会社で中国人への監視と支配体制をとっていたということを示すものである。

八　抗議、抵抗した中国人は刑務所へ

「五、華労ノ態度及事業場態度」の「二、華労ノ態度　(四) 不法行為」の内容はきわめて不可解である。そこには「(一) 幹部改選ニヨリ左遷サレタルヲ不満ニ思ヒ、興奮ノ余リ傷害ヲ加ヘタルモノニシテ、他ノ一ハ内地人指導員ヨリ叱責殴打 (傷害ヲ認メズ) サレタルヲ遺恨ニ思ヒ、復讐的ニ傷害ヲ加ヘタルモノナリ　(二) 傷害一件、傷害致死一件　(三) 日人被傷害一名、華人被傷害者二名、被傷害致死日人一名。縣警察部、官憲常時駐在シ常ニ不法行為ノ防止取締、或ハ座談会等ニ依リ意志ノ疎通ヲ図リ、事故発生ヲ未然ニ防止ス」と報告されている。これは「不法行為統計 (付表一三)」および「不法行為調 (付表一四)」にも報告されているが、つぎのように内容の説明は不適切であり事件の真実性が明確ではない。①「幹部改選ニヨリ左遷サレタルヲ不満ニ思ヒ、興奮ノ余リ傷害ヲ加ヘタルモノ」という事件は、加害者徐貴祥氏の傷害事件 (一九四四〔昭和19〕年八月六日) および加害者張培林氏の傷害致死事件 (一九四四〔昭和19〕年九月二〇日) のいずれにも該当せず、「幹部改選……」の幹部は一体だれを指すのか、(付表一三) (付表一四) には該当者は存在していない。これは不実記載と断ぜざるをえない。② (付表一四) 中の犯行日一九四四〔昭和19〕年八月六日の傷害事件 (加害者徐貴祥氏、被害者―当時端島炭礦居住、関口光雄、張連科、楊寶元、高樹明) の犯行内容は「精神病ニ依ル傷害」とあり、被害状況は「顔面及頭部ニ重症」(いずれも八月六日付の三菱高島礦業所端島病院川副元彦医師の診断書添付) とある。ここで奇妙なことは、加害者徐貴祥氏は「精神病」であるにもかかわらず、「病院送り＝精神病治療のため」とはならずに、「検挙送局」となり、「懲役

四年」の刑罰を受け（日本敗戦後出獄し帰国）ていることである。「精神病患者」を治療せずに刑務所に服役させたことは、人権無視の「懲罰的行為」以外の何ものでもない。さらに③（付表一四）中の犯行日一九四四（昭和19）年九月二〇日の傷害致死事件については、加害者張培林氏が「検挙送局」処分となり、刑務所に服役中結核で「獄中病死」したと報告されている。しかし張培林氏をこのような「傷害致死」事件の加害者に仕立てた原因は「対華労不法行為調書（付表一八）」に記載されているが、それによると、一九四四（昭和19）年八月六日、小田島種吉（坑内指導員、四〇歳、本籍岩手縣和賀郡二子林字高屋五二）は、中国人労務者張培林氏を「殴打」したが、「被害状況　傷害ナシ」、「警察又ハ事業場ノ措置、処置スル余猶ナシ」とある。つまり、八月六日に坑内指導員小田島種吉が、張培林氏を殴打した。九月二〇日になってこんどは張培林氏が小田島種吉の背後から重症を与え、死に至らせたというのである。炭礦側の反省が皆無で、弁明だけが目立っているのみだ。

しかし、この両事件を冷静に観察すると、八月六日、小田島種吉が張培林氏を殴打したとき「傷害ナシ」と記載されていることに疑問がある。報告書は「八月六日の殴打事件では小田島種吉は張培林に負傷させていないのに、九月二〇日には張培林氏は小田島種吉に重症を与えて死に至らしめた。とんでもない極悪人である」と、主張していることになる。八月六日小田島種吉が張培林氏を殴打したときは「傷害ナシ」ではなくて相当な傷をあたえているものと推定するのはきわめて当然の推理方法ではないかと考えられる（＊前述原告団長・李慶雲氏は、「張培林は監督から殴られることが日常的状態になり、もはや我慢しきれなくなっていた矢先、監督から殴られ、とうとう我慢の緒を切らして、彼もこん棒で殴り返した。殺すつもりで反抗したのではないが、結果として監督は死んだ」と陳述している。本書九一頁参照)。

ところで、「不法行為調書」中の二つの事件は、そのいずれも事件の発端は八月六日であり、これはその日に、中国人全体にとって何か異変がおこったことを窺わせる。注目されるのは、七月の一カ月間に四名が死亡していることである。一日、三日、七日、二三日で傷病原因は「不詳」となっている(死亡者調書)。短期間に次つぎに同胞が死んだとなれば、中国人全体は当然動揺し、また労働と生活の過酷さへの不満が爆発したものと考えられ、前述の入坑拒否ストライキに対する暴力的圧殺が最大の根拠としてあっただろうと推察される。さらに、被害者の診断書で徐貴祥氏関係の分はあるが、張培林氏関係のものはいずれも存在していないのはなぜか(特に小田島の死体検案書)という点である。

なお、張培林氏の死は獄中で肺結核のため病死となっている点も不審である。九月二〇日に屈強な坑内指導員(小田島)を殴り殺せるほどの人間が、五日後に入獄させられ、それから七五日後の(三カ月未満)に死亡するとは、いかに肺結核とはいえその死はあまりにも早すぎるからである。当時も肺結核だからといって二カ月位で死ぬことは稀有のことだったのである(＊張培林氏の死亡年月日は、「死亡者調書」では昭和一九年一二月一日、「個人別労経過調査表」では同年一二月一〇日、長崎刑務所からの証明書では同年一二月二〇日となっており、ここにも会社側の無神経な態度が露見している)。

「顛末書」中、「三、受入施設及関係事情」の「一、概況」には「一部日鮮人ヨリ稍々優遇サレシ程度ニシテ、華労ニ対シ虐待等ノ事実ハ皆無ナリ」という報告は、全く事実に反する内容である。従って、「五、華労ノ態度及事業場ノ態度」中、「三、事業場側ノ態度　(一)概要　華労取扱ニ就テハ県指示通リ履行、特ニ県ヨリ警察官（三名乃至二名）常駐受入後五カ月間ニ亘リ数回（其ノ後適宜開催）関係係員及労務者ノ会合ヲ開キ、酷使、虐待等ノ無キ様注意セルニヨリ、事件ノ発生ヲ見ズ」とあるのは、全く実情を無視した、「報告用の作文」にすぎないということができる。この「受入施設及関係事情」は、虚構であり、その破綻を示すものが「疾病統計（付表七）」である。一五カ月の間にひとり当たり六回も病院で診察を受けなければならない生活・労働環境とはどれほど悪環境で過酷な労働であったかは、容易に推察できるからである。

九　中国人犠牲者の「残骨」はどこへ

一九五三（昭和28）年一〇月九日付け「華人労務者に関する調」（三菱高島礦業所端島礦作成）には、「一九四四（昭和19）年六月一八日、中国人労務者（連行者）二〇四名を同炭礦に受け入れ、一九四五（昭和20）年一一月一九日、一八三名帰還、遺骨一四体を持ち帰った」と報告されているが、その記載内容についてつぎのような疑問がある。

（一）「中途転出者二名、警察署の指示により、作業場転換のため北海道へ（警察官付添、行先不明）」とあるが、転出命令を発した官公庁と責任者名、付添い警察官の所轄署と官職名、北海道の炭礦名が全然記載されておらず、事実を記述した報告書と見ることができない。この二名は一九四六（昭和21）年三月付「華人労務者調査報告書」（三菱高島礦業所端島坑作成）の「個人別労経過調査表（付表四）」によれば、「陳邦海」（二七歳）、「勝義勇」（二九歳）であるが、なぜこの二名のみが「選出」されたのか、その理由の説明がないのはきわめて不透明である。そのとき「寄託金」はどのように処理されたのか。また「北海道地崎組事業所」とは一体いかなるものか、説明がないのは不可解である。

なお、「華人労務者に関する調」には「中途帰国者五名」（一九四五〔昭和20〕年三月二七日）とあるが、氏名の記載はない。一九四六年三月の「華人労務者調査報告書」の「個人別労経過調査表（付表四）」では、中途帰国者は、「張文書」（二六歳）「閻凌賢」（二七歳）「高樹明」（五一歳）「王樹海」（二三歳）の四氏のみであるのに、同報告書中の「華人労務者就労顛末書」では「二、移入配置及送還事情」の項で「帰国者五名」と記載している。中途帰国者が五名であれば、あと一人はだれなのか。あるいは実際には四名なのに五名と記載したのか。「寄託金表」では、（送還）として前記四名の他に「徐秀寛」（三五歳）が記載されているという具合に、報告書中の各部分で整合性が崩れている。また、記載されている「病気のため本籍地に送還す」（警察の指示及斡旋による、下関迄係員付添官憲に引継ぐ）という説明は報告書の体裁を整えていない。病気であるならば医師の診断書、下関まで付き添った警察官の官職氏名、人数。思想犯と断定するならばその根拠、などを詳細に記録しなければならないはず。それらを一切省略した理由はなぜか。事実を説明したものならばその根拠、などを詳細に記録しなければならないはず。それらを一切省略した理由はなぜか。事実を説明したものとはどうしても考えられない。

（二）死亡者の遺骨の取り扱いについて、炭礦側の誠意が完全に認められないのは、長崎刑務所服役中死亡した張培林氏の遺骨に対して示された炭礦側の態度である。この報告書によれば「張培林氏は諫早刑務所（＊正しくは長崎刑務所で、諫早は所在地である）で一九四四（昭和19）年一二月一日、肺結核で死亡。死亡当時遺骨引取りの為渡辺巡査部長（当時端島駐在）を刑務所に派遣したが、同所で処置する旨の回答に接した」とあるが、長崎大学医学部長が一九五三（昭和28）年一二月二日付で三菱礦業所あてに発送した「遺骨の処置について」という文書（長大医会第一五三二号）によれば、「昭和一九年長崎刑務所より解剖医学の為、本学に申し受けたる張培林の遺骨に関しては、解剖後本遺骨を長崎市銭座町聖徳寺に供養のため安置していたが、昭和二〇年年八月九日の原爆により聖徳寺と共に消失した」とある。この場合、刑務所で死亡した張培林氏の屍体を「解剖のため長崎大学医学部に寄贈」を申し出たのは長崎刑務所であると考えられるが、端島炭礦と同刑務所との連絡の不十分なことが判明している。無責任体制が鮮明に浮き上がっているではないか。無論、長崎刑務所では「死体は監獄法第七五条同法施行規則第一七九条『受刑者ノ死体ハ命令ノ定ムル所ニ依リ解剖ノ為メ病院、学校又ハ其他ノ公務所ニ之ヲ送付スルコトヲ得』に基づき、一九四四（昭和19）年一二月二一日長崎医科大学病院に送付した」という証明書を発行している。

しかし解剖、火葬、遺骨となった、張培林氏の遺骨は、本来、端島礦に持ち帰り、泉福寺に安置すべきであったのにもかかわらず、聖徳寺に預け散逸させたのは炭礦側の「過失」である。しかも張培林氏の遺骨の処遇については端島炭礦側に当初から基本的な方針がないために、「一四体送還の際、之と一緒に（張培林氏の遺骨も）送還すべく同刑務所に問合せた処、係官の移動のためと戦禍に遭った為、不明とのことであったので止むを得ず一四体だけ送還せしめた」と記載しているから、この「華人労務者に関する調」の最終ページ（一〇、其の他）で「死亡者一五名中、張培林は前記の通り諫早刑務所服役中死亡した為、当初より当方に遺骨なし」と、全く前記報告と符合しない文章を並べ立てている。中国人に対する人権じゅうりんを示す報告だ。

(三) 同右の（八、受入者の名簿及出身地）に「名簿なし」とあり、また、（一〇、其の他）の後半には「他の一四名の遺骨は帰還者出発の折、名簿その他関係遺品と共に通訳徐長康に託して送還したが、其の際遺骨は余さず持ち帰らなかったので一部残骨あり鄭重に安置してある。只名簿其の他関係書類無き為、氏名以外は出身地も詳らかでない」と記載されている箇所は、心の底から怒りなしには読めない。

現に、「出身地」「職業」等詳細な内部資料が発見され、それが一九五三年当時、端島炭礦に存在しなかったはずがない。仮に「紛失」（到底考えられないことであるが）したとしても、外務省に問い合わせをすれば、容易に判明できたはずである。にもかかわらず、その作業を怠り、極めて簡単に「名簿なし」とか「氏名以外は出身地も詳らかでない」と記述しているのは、中国人労務者を酷使・虐待してきた端島炭礦に一片の良心も存在していないことを如実に示すものである。

また、これに関連して考えられることは、本会が再三、端島炭礦の整理会社三菱マテリアル株式会社に対し「端島炭礦における朝鮮人労務者名簿」の公開を要求しても、同社は「当該名簿は一九七四年の端島炭礦廃坑の際に高島炭礦事務所へ移送保管したが二度の火災で焼失した」という、言い訳にもならない「釈明」をくり返すだけで、絶対に公表しない、三菱資本の無責任、無反省な態度である。端島炭礦における朝鮮人労務者名簿は「三菱資本」が秘匿しており、「焼失」は隠蔽のための口実としか考えられない。また証拠隠滅のために故意に焼却したかのいずれかであると確信する。ここには欺瞞と無責任が充満している。

①持ち帰った遺骨の残骨はまるで廃棄物のように取り扱われているが、人権無視の典型的なものではないのか。

「一部残骨あり、鄭重に安置してある」とあるが、恐らく泉福寺に安置したものと想像されるが、中国人労務者が全員帰還したのが一九四五(昭和20)年一一月一九日であり、その日以後、この報告書を作成した一九五三(昭和28)年一〇月九日まで、依然としてその残骨を泉福寺に「放置」して、本国へ送り届けなかった理由は何か。その八年間に「名簿その他関係書類」を紛失してしまった責任は一体だれがとるのか。その紛失理由も調査せず、だれも書類紛失と遺骨放置の責任をとらない端島炭礦の職員には人間性があるのか。本国の遺族の心情を理解しようと努力したことがあるのか。これらの所業は天人ともに許すことのできない「犯罪」である。「名簿その他関係書類無き為」というのは、真っ赤な嘘である。「華人労務者に関する調」(一九五三年一〇月九日付)を作成したときは、一九四六年三月の「報告書」

を下敷きにしたことは明らかであるから、それらは絶対に存在するはずである。
②一九七四（昭和49）年一月、端島炭礦が閉山し、四月末に、端島が無人島となったとき、これらの残骨は一体どこへ運ばれ、どこに安置されたのか。今日現在に至るもそれらの残骨を本国の家族に送り届けていないとすれば、三菱端島炭礦のおかした罪悪は、永遠にさばかれつづけるであろう。この報告書は無責任を示すどころか、犯罪を示している。
③これらの無責任な記述から推察されることは果たして「一四名の遺骨」は確実に遺族に送り届けられたのかどうか、についても大きい疑問がある。なぜならば、一九二五年～一九四五年、端島炭礦で死亡した朝鮮人労務者とその家族の遺骨一二三名中六名を除いて全遺骨が韓国の家族のもとに送還されず、死亡通知すら送っていない事実が判明しているからである（現在、遺族たちは「端島韓国人犠牲者遺族会」を結成し、三菱に対して遺骨返還要求運動を展開しており、本会も支援中である）。
　さらに朝鮮人の遺骨は放置しておきながら、中国人の遺骨だけは丁重に送り届けたという説明は、到底信じることができない。

一〇　三菱石炭礦業に切り棄てられた正体不明の「功労者？」徐長庚

「社外職員、華労指導派遣員、徐長庚氏」は、「顛末書」（付表二）によれば、本籍は山東省寧縣城門大街、華北労工協会の職員であり、端島炭礦内の「華労指導員駐在所」に勤務しており、年齢は二三歳、職務は「通訳」であったことが判明している。一九四四（昭和19）年六月一八日、華北労工協会職員桑山実氏と共に着任し（桑山氏は同年一〇月三〇日退任）、一九四五（昭和20）年一一月一九日まで、すなわち中国人労働者帰還の日まで同島に勤務し、中国人労働者とともに中国へ帰還したとある。しかし、中国人労務者名簿には年齢、出身地、職業、給与などが記載されているが、徐長庚氏は「関係者名簿（付表二）」に記載されている「役職名」であるため、年齢、出身地、旧職業、給与などが全然明らかにされていない。「寄託金表」の最後の方に本籍と年齢が記載されているにすぎない。端島炭礦側と中国人労働者たちの中間にあって、重要な「通訳」の職務を果たした徐長庚氏に対して、端島炭礦はどのように処遇し、帰還に際してどのようにその労をねぎらったのかなどについて、報告書は全然触れていないのはなぜか。通訳といえども中国人であり、冷遇しても当然だ、と端島炭礦側は考えていたのか。もしそうだとすれば、端島炭礦は重大な犯罪をおかしたことになる。帰還の際、徐長庚氏に遺骨を託しているが、端島炭礦は遺骨送還作業に、数名の端島炭礦職員を派遣して徐氏を援助すべきであったのに、それを怠り、徐氏に重い責任を負わせている。

中国人労務者の端島炭礦強制労働一五カ月間に、重要な職務を果たした徐氏の功績は大きいが、その「正体」は不明である。ただ、この徐長庚氏は、「寄託金表」ではつぎの通り、二、九八〇円という最高額が記入されているが、総隊長の給与なのか通訳としてのそれなのか明白ではない。徐氏は中国人労務者にとって、単なる通訳ではなく、監督者の側に身を置いていたことは確かと思われる。

寄託金上位者（その他の一人平均額は八九五円で、以下の一〇人がいわゆる幹部扱いであったと思

われる）

徐長庚　二三歳　山東省寧縣城門大街　二、九八〇円（元の職業・記載なし）
鄭自由　二三歳　河北省獲鹿縣石門　二、六三〇円（元の職業・保安隊）
曹建章　二二歳　河北省深縣梁家荘　二、六〇〇円（元の職業・農業）
王文元　二四歳　河北省滄縣河西白家口村　一、九六〇円（元の職業・保安隊）
陳耀増　二八歳　河北省深縣陳官屯　一、七二〇円（元の職業・保安隊）
張玉清　二二歳　河北省塩山縣馬家法村　一、六七〇円（元の職業・農業）
張慶林　二六歳　河北省深縣北小街門棹　一、六六〇円（元の職業・大工）
齎鳳鳴　三〇歳　山東省長清縣朱家荘　一、六六二円（元の職業・農業・飲食店）
候伝升　三六歳　山東省徳縣塩庄口街　一、六一〇円（元の職業・巡査）
趙振東　三二歳　山東省泰安縣三陽荘　一、五七〇円（元の職業・雑貨商）

敗戦から帰還までの中国人の状態を「報告書」は次のように言う。「終戦後、幾分驕リタル態度アリタルモ全般的ニ明朗ニシテ、一部ニ於テハ残留ヲ希望セシモノアルモ、一般的ニ懐シイ帰国ヲ楽シム状態ナリ」。あるいは「終戦後ニ於ケル紛争ナシ」（付表二〇）と。前述したように、これは炭礦側が中国人にたいして幾分なりとも人間として正当な扱いをしてきたから、他の鉱山などと異なり、「紛争ナシ」となったのではないということは容易に推察できる。では実態はどうであったのか。

端島が他の鉱山と異なるのは、絶海に浮かぶ人工島であり、世間から隔絶された監獄そのものだという点である。戦時中、警察、炭礦職員の迫害と強制労働が過酷であっても、異国のしかも絶海の孤島から脱出は不可能であった。反抗は即処刑を意味したからである。敗戦によって中国人と日本人の立場は一時逆転したかに見えたが、端島においては孤立した監獄という状態は変わらなかった。中国人労務者にとっては何よりも端島を脱出したい、ということが先決問題だったのだ。日本人の迫害への正当な「復讐」、未払い賃金の要求などより、まず端島を脱出することを優先したに過ぎないと考えられる。そこで問題となるのは、「一部ニ於テハ残留ヲ希望セシモノアル」という記述であり、もし、このような者が存在したとすれば一体だれのことだろうかということである。望郷の念よりも端島に止まることを希望する者とは、「帰国すればただちに窮地に立たされる者」であったであろう。それは中国人でありながら、警察・炭礦側に強制されたとはいえ、同胞の中国人を監督・監視した者たちであると考えられる。だが、実際にそういう者が存在したかどうか。この記述は、三菱が「温情ある処遇をした」という弁明にしかすぎない、とも考えられる。

炭礦側は、中国人全体を四つに分け、別に若干の炊事をなす者を置いたことが報告書に記載されている。総隊長をおき、その下に正副九名の中隊長をおいて、中国人全体を分割し間接支配する形態をとったということであろう。炭礦は総隊長、中隊長を優遇し、他の中国人を監視させ、あるいは紛争に発展するのを未然に防ごうとしたのである。

そうした時、炭礦側に「協力した者?」とは、徐長庚氏がその最たる者であったと思われるが、敗戦で「用なし」となれば、三菱礦業、端島炭礦は簡単に切り捨てたのである。徐長庚氏なる人物は、いかにも正体不明であるが、日本帝国主義敗北、中国革命の嵐のなかでどのような運命をたどったのであろうか。

一一　最後まで責任を回避する三菱

一九四五（昭和20）年八月一五日の日本敗戦から、同年一一月一九日までの約三カ月間の端島炭礦、中国人労務者に対する同炭礦の「処遇」について、納得しがたい点が多く、彼らに対して《誠意ある対応》をしたとは考えられない。

（一）「顛末書」中「五、華労ノ態度及び事業場ノ態度　（五）終戦後ノ紛争事件」には「（一）終戦ト同時ニ就業ヲ停止シ」とあるのに、「（二）稼働停止指令、八月二四日（離島ノ為メ遅延ス）稼働停止八月二四日（八月一日ヨリ戦災ノ為メ作業不能トナリタルタメ稼働停止ス）と記載されているが、これは矛盾している。「八月一五日に就業を停止した」のにもかかわらず、「稼働停止指令が（東京本社か、高島礦業所からか不明であるが）、離島のために遅延して八月二四日に到達したから、八月二四日に稼働を停止した」というのは、きわめて矛盾している。「就業停止」と「稼働停止」の間九日間は「稼働停止」していたことになるのにもかかわらず、ことさらに区別するのは「公式的」であり、「事実無視」とさえ言える記述ではないのか。また「昭和二〇年七月三一日、八月一日、空襲で発電所が破壊され、坑内作業が停止された」とあるが、坑内作業は停止したとしても、その他の作業――石炭積み出しや復旧作業等はどうだったのか。すべての労働を停止した訳ではないと考えられ、これらは事実の報告ではないと断定することができる。

(二)「顛末書」中「一、事業場及関係者　四、送還状況」には「送還一八三名(指導員一名ヲ含ム)、送還途中(佐世保収容所ニ於テ米進駐軍に引渡ス)事故発生ヲ認メズ」「会社船ニ依リ乗船地佐世保収容所迄係員一名付添ヒ輸送ニ当ル、収容所ニ於テ米進駐軍ニ引渡シタルヲ以テ、其ノ後ノ状況不明ナリ」と記載されているが、次のような疑問がある。

①まず一八三名の人数についてはつぎのとおり不透明な部分がある。

「顛末書」(付表三)では、あらかじめ中国人指導員一名を除外し、転出――二名、途中帰国――五名、死亡一五名の小計二二名を連行者二〇四名から差し引いた一八二名に指導員一名を加えて一八三名を送還したとしているが、「個人別労経過調査表」には途中帰国者四名の記載しかなく、投獄されて戦後出獄した徐貴祥氏が一緒に帰国したことになっており、一方、「送還寄託金表」には途中送還者として五名(徐秀寛氏が追加されている)の記載があり、結局、中途帰国は四名で徐貴祥氏が同時帰国したのか、それとも徐秀寛氏を含む五名が中途帰国して、徐貴祥氏は別途帰国したのかどうか不明である。このどちらかでないかぎり、一八三名送還という数にはならず、一八二名であった可能性も残る。結局、この点は不明のままであり、「顛末書」か「調査表」のいずれかに虚偽があり、ずさんきわまりない。なお、徐貴祥氏のみ「送還寄託金表」に名前がなく、「顛末書」の「付表一四」に「出獄・帰国」

とあるだけで、出獄（一九四五年九月三日）から帰国までの経緯について一切言及がないのも不可解である。（九、中国人犠牲者の残骨はどこへ、の節を参照）

②帰国する中国人労務者一八三名中一名は「指導員」ということであるが、それは当然「中国人」であるはずだが、その氏名を明記しない理由は何か。帰還者達が自主的に選出した代表（班長）でなく、「指導員」とした理由は何か。

③送還に使用した会社船の船名、トン数、定員数、通常の航路と用途等を明記しないのはなぜか。

④佐世保収容所で「進駐軍ニ引渡シタルヲ以テ、其ノ後不明ナリ」とあるが、外地からの邦人の受け入れ「浦頭埠頭」、「不法入国者収容所（針尾島）」ではないはずであるから、その「佐世保収容所」の所在地、規模等を報告すべきであり、「進駐軍に引渡シタルヲ以テ、其ノ後ノ状況不明」というのもきわめて無責任な記述である。その進駐軍の部隊名、指揮官名、乗船（乗艇）予定の船（艇）名、トン数、行き先などを記述するのが当然ではないのか。佐世保へ連れて行けば、あとは野となれ山となれという無責任な態度が如実にあらわれている。

⑤「（二）送還時給与状況」には「賃金ハ内務省令ニ基キ支給ス」とあり、「華人労務者　送還寄託金表　三菱高島礦業所端島炭坑」という報告書には、二〇四名の「寄託金額」が記載されているが（＊徐貴祥氏のみ除かれている）、未払い賃金を政府が負担でもしない限り、企業、特に三菱、三井、住友という悪質な大企業が、中国人労務者の本国送還時に支払ったとは到底考えられない。

それは長崎県被爆二世教職員の会・平野伸人氏のつぎのような証言によっても明らかである。「私は一九九二年六月二二日から七月二日にかけて中国河北省に赴き、長崎県崎戸炭礦（三菱）および鹿町炭礦（日鉄）の中国人労務者の原爆犠牲者遺族や生存者を探訪し、桂玉林、趙五十、趙俊子（以上生存者）各氏および、牛秀連氏（遺族、呉福有氏の妻）らに会うことができたが、彼らは『一人も賃金を支給されていない』と断言し、鹿町炭礦の『報告書』では領収証が何通もあるという代物であり、全然信用できない」。

本会も近日、必ず中国に赴き、端島炭礦の生存者を探訪して、端島炭礦における処遇・作業・給与等について徹底的に調査する決意を固めているが、そのときに「三菱の虚偽と、真実の隠蔽」は一挙に明らかにされるであろうことを断言しておく。従って、それらの文書類に添付された指紋付きの領収証の信憑性については断じて信じることはできないのである。

一二　捕虜条約以下の奴隷労働

中国人労働者は形式的には「華北労工協会」との契約にもとづく労働となっているが、民間では「捕虜」という見方が広く流布していた。それは日本軍が中国人全員を敵とみなして戦闘および人狩りをしていたからに他ならない。日本政府も対外的には「華人労務者」と表明しながら、実質的には捕虜とみなして虐待していた故に、その本意が自然に民間に受入れられたものに過ぎないのである。すなわち、日本政府は自己の捕虜に対する偏見の如何に関わらず、強制連行した中国人を国際法上の捕虜として待遇する義務があったというべきである。この屈折した事情は、一方で、「捕虜」とみなされた中国人が国際法上の捕虜の身分に該当するとは限らないことをも示している。端島炭礦の場合も、強いていえば連行時の職業「保安隊」一七人（八・三％、「個人別労経過調査表」による）が国際法上の捕虜に当たるといえるであろうが、軍人や兵士は一人もなく、一七人のうちで前職も保安隊の人は三名に過ぎず、他は前職農業の八名をはじめ、雑貨商や日傭労働者であることから、厳密な意味での捕虜は極めて少数であったといわねばならない。このことは「保安隊」自体が日中戦争の激化のなかで自警団的に組織拡大されたことを示しているとともに、彼らが被連行者の中心ではなかったことをも証明している。端島炭礦への連行の実態は、農業一一九人（五八・三％）、商人三四人（一六・七％）、職人一二人（五・九％）、その他二二人（一〇・八％、店員、事務員、公務員、教員、医師など）である。農民が過半数を占め、さまざまな職業の人々が無差別に拉致・連行されたことを見逃してはならない。

捕虜に対する強制労働が国際法違反であることはいうまでもなく、そこで日本政府は形式的には「捕虜」と言わず「華人労務者」と呼んだと考えられるが、捕虜の人命と安全に関する最低限の保障ともいえる「ジュネーブ条約」さえ現実には守らず、全員に対してまさに奴隷労働を強制した実態に注目する必要がある。少数とはいえ捕虜もしくはそれに近い人々が含まれていたか否かに関わらず、「ジュネーブ条約」が持つ最低限の人権保障という観点から、ここで同条約に照らして労働実態の問題点を指摘しておきたい。

一九二九（昭和４）年七月二七日、第一次世界大戦後一〇年にして、「戦地軍隊における傷者および病者の状態改善に関するジュネーブ条約」が成立し、日本政府はこれに調印、批准している。しかし、それと同時に定められた第三ジュネーブ条約「俘虜の待遇に関する条約」に対しては、調印はしたけれども、これに批准しなかった。

第一次大戦では捕虜が多く、しかもその管理は、各国政府のそれぞれの権限のもとにあるのは当然である。しかし国際協力によって改善すべき多くの要因を持っていたため、「陸戦」「海戦」についで、広く捕虜の分野まで条約がつくられることとなったものである。

つまり、この「俘虜の待遇に関する条約」は、もともと一九〇七（明治40）年のハーグ第四条約についていた付属書「陸戦の法規、捕虜」中にある「捕虜に関する一七カ条」から出たものである。これは、敵の軍人を捕虜にした場合の、国家が負う義務と、捕虜の権利を規定したものであるが、日本がこの条約を批准しなかった理由は、「捕虜というものに対する軍部の強い偏見」から、捕虜条約の必要性を認めなかったためである。

（その後、第二次世界大戦が激化し、ようやく捕虜に対する待遇が、人道的な問題として各国間で取り上げられるようになり、赤十字国際委員会もこの条約の普及と徹底をはかる必要を痛感して、まだ批准されていない一一カ国に対しても注意を促すことになった。それで、日本に対しては一九四〇（昭和15）年八月六日外務大臣あて、八月二一日日本赤十字社社長あてに「捕虜条約の批准」を勧告してきた。しかし日本政府は結局「捕虜条約の趣旨はよく分かるが、日本は他国と国情が異なるので、捕虜条約に参加する必要はない」と回答し、遂に批准は行われなかった。）

実際、「俘虜の待遇に関する条約」（一九二九（昭和４）年七月二七日）に明記されているつぎの条項は、端島で強制労働させられていた中国人「捕虜」（強いて言えば、連行時「保安隊」の人々）にも一切適用されず、その他の人々も彼らと区別されることはなかった。すなわち、非人道的な処遇――暴力と脅迫による労働の強要、劣悪な居住状態、非衛生的環境、不充分な食料と衣料、超過労働時間と無休息、羅病の際の放置など――に投げ込んでいたのである。それは批准の有無に関わらず、最低限の人権保障としての国際法に反するものであり、日本政府と三菱鉱業の責任は徹底的に追及されるべきである。

第二条 （前略）俘虜ハ常ニ博愛ノ心ヲ以テ取扱ハルベク且暴行、侮辱及公衆ノ好奇心ニ対シテ特ニ保護セラルベシ

第三条 俘虜ハ其ノ人格及名誉ヲ尊重セラルベキ権利ヲ有ス、（中略）俘虜ハ其ノ私権ノ完全ナル享有能力ヲ保有ス

第四条 俘虜捕獲国ハ俘虜ヲ給養スルノ義務ヲ負フ（後略）

第八条 （前略）一切ノ俘虜ハナルベク速ニ第三六条及以下ニ規定スル条件ノ下ニ自ラ家族ト通信スルコトヲ得サシメラルベシ

第一〇条 俘虜ハ衛生保健ニ付出来得ル限リノ保障アル建物又ハ仮建物内ニ宿泊セシメラルベシ、

該宿泊所ハ全然湿気ヲ避ケ、必要ノ程度ニ保温且照明セラルベシ、火災ノ危険ニ対シテハ一切ノ予防法講ゼラルベシ。寝室ニ関シテハ捕獲国ノ補充部隊ニ対スルコト同一条件タルベシ

第一一条　俘虜ノ食糧ハ其ノ量及質ニ於テ補充部隊ノモノト同一タルベシ（後略）

第一二条　被服、下着及靴ハ捕獲国ニ依リ俘虜ニ支給セラルベシ、此等用品ノ交換及修理ハ規則的ニ為サルベシ、右ノ外労働者ハ労働ノ性質上必要ナル場合ハ何処ニ於テモ労働服ヲ支給セラルベシ

第一三条　交戦者ハ収容所ノ清潔及衛生ヲ確保シ且伝染病予防ノ為必要トナル一切ノ衛生的措置ヲ執ル義務アルベシ

俘虜ハ生理的法則ニ適ヒ且常ニ保持セラレタル設備ヲ日夜供セラルベシ（後略）

第一四条　各収容所ハ医務室ヲ備ヘ俘虜ガ其ノ必要トスルコトアルベキ有《ママ》ラユル性質ノ手当ヲ受クルコトヲ得ベシ（後略）

第二〇条　一切ノ規則、命令、通告及公告ハ俘虜ノ了解スル国語ヲ以テ通知セラルベシ（後略）

第二八条　捕獲国ハ個人ノ為ニ働ク俘虜ノ給養、弁当、俸給及労銀ノ支払ニ関シ全責任ヲ負フベシ

第二九条　俘虜ハ何人ト雖モ肉体的ニ不適当ナル労働ニ使役セラルコトナカルベシ

第三〇条　俘虜ノ一回ノ労働時間ハ過度ナラザルベク且何ナル場合ト雖モ該地方ニ於テ同一労働ニ従事スル民間労働者ノ為認メラルル労働時間ヲ超過スルコトヲ得ザルベシ

各俘虜ニ対シ毎週連続二四時間成ルベク日曜日ニ休養ヲ与ヘラルベシ

第三二条　俘虜ヲ不健康又ハ危険ナル労働ニ使役スベカラズ

そこで実際に端島で死亡した（殺された）中国人労働者の死亡原因を検討すると、張増壽氏（一九四四〔昭和19〕年七月一日、腎臓炎兼肝臓硬化症で死亡）、張大禎氏（同上七月三日、膽囊炎で死亡）、趙九成氏（同上七月七日、マラリア兼気管支炎で死亡）、新清崖氏（同上七月二三日、急性心臓麻痺で死亡）、陳作郷氏（同上一〇月二一日、敗血症で死亡）、張王桂氏（一九四五〔昭和20〕年三月三〇日、急性肺炎で死亡）、呉錫堂氏（同上四月一二日、慢性腸炎で死亡）、路書恒氏（同上八月二八日、心臓麻痺で死亡）、王云起氏（同上一〇月六日、急性心臓麻痺で死亡）たちを死亡に追い込んだのは、前述の「俘虜の待遇に関する条約」第一〇条、第一一条、第一三条、特に第一四条を厳格に遵守しなかったためであることは確実である。

また「心臓麻痺」も、持病としての心臓病であるよりは、筑豊地方でも見られるように、肉体への激烈な虐待、リンチによるショック死に起因するものと推測される。第一四条には「俘虜ガ其ノ必要トスルコトアルベキ有ラユル性質ノ手当ヲ受クルコトヲ得ベシ」と規定され、「俘虜ニシテ重病ニ罹タル者又ハ、其ノ病状ガ重大ナル外科手術ヲ必要トスル者ハ捕獲国ノ費用ヲ以テ此等俘虜ヲ治療スルコトヲ得ベキ一切ノ軍用又ハ民間ノ病院ニ収容セラルベシ」とあってもこれらは全然守られなかったと断定することができる。

同条約第四条の規定で、捕虜を給養する義務を負うが、第二七条で、捕虜に労働させることはできる。しかし、そのためには第二八条、第二九条、第三〇条、第三二条によって過酷な強制労働は禁止されている。にもかかわらず、端島炭礦では、持病を有する中国人労働者に対しても強制労働を強要したことは、容易に推測される。李明五氏（一九四三〔昭和18〕年七月一三日、埋没に因する窒息で死亡）（＊時期的に強制連行以前であるが、中国人と見られる）、闞銘財氏（一九四四〔昭和19〕年一〇月二九日、圧死で死亡）も資材不足で、安全施設もない危険な作業現場に送りこまれて過酷な強制労働に従事させられていたことを証明している。

また、楊慧民氏と邢寶崑氏は、一九四四（昭和19）年八月一七日、熱射病に因する心臓麻痺で同時刻に死亡しているのは、炎熱の下での過酷な強制労働に従事させられていたことを、明確に示しているものと思われる。

当時の日本政府としては、平然として中国人労働者を虐待、死亡させていたことを、端島の「資料」は明白に物語っている。第三ジュネーブ条約「俘虜の待遇に関する条約」を批准していなかったことは何ら理由にならない。これは人道上絶対に許されない恥ずべき日本帝国主義の所業である。

一三　全国の企業、政府・官公庁は中国人強制連行の資料を公表せよ。事実はもう隠せない。

「中国人労務者移入顛末一覧表」によれば、九州地方における各炭礦と連行者数はつぎの通りである。（単位・人）二瀬（八〇八）、大之浦（二九九）、三池（宮浦五七四、万田・四山一、九〇七）、山野（六五一）、田川（六六九）、大辻（二〇〇）、勝田（三五二）、飯塚（一八九）、（以上福岡県小計五、六四九）。鹿町（一九七）、崎戸（四三六）、高島（端島二〇五、二子二〇五）（＊端島には強制連行ではない「華北労工協会」の職員一名が含まれている）（以上長崎県小計一、〇四三）。槙峯二四四（宮崎県）。合計六、九三六。そのうち死亡者合計一、〇〇六。

これら一五事業場はすべて一九四六（昭和21）年三月、外務省に対して「華人労務者調査報告書」を作成し、送付していることは確実である。それら一五事業場を含めて、当時中国人労務者を受け入れた全国の事業場は、各「報告書」を公表して、自己告発すべきである。この検証対象である端島炭礦の「華人労務者調査報告書」（一九四六年三月）と関係文書は、一九四六年の「顛末報告書」（外務省に提出のもの）と、一九五三年の「調」（華人労務者に関する調、一九四六年の報告書を踏襲、簡略化＝粗略化したものに、張培林氏の遺骨問題を加えたもの。労働省に提出）である。しかしこれら以外に、厚生省および長崎県が、一九五八年に各事業所に対して「中国人労務者調査報告書」の提出を要請したが、そのときに端島炭礦が「報告書」を作成したことは確実である。それは三菱鉱業株式会社九州事務所からの強力な督促文書が存在していることから容易に推定される。

前述したように本会は、三菱鉱業株式会社の後継会社三菱マテリアル株式会社に対して本年（一九九三年）五月「端島炭礦に保管してあったと推察される、戦時中の朝鮮人・中国人労務者に関する記録類は現在も保管中であるならば、ぜひ閲覧させてほしい」と要請したところ、「戦後、高島の二度にわたる会社火災のために、端島・高島両炭礦の朝鮮人・中国人労務者関係の書類は全部消失した」という回答があった。しかし、現実にはこのように端島炭礦の「中国人労務者就労顛末書」が発見されていることから考えて、高島炭礦の分もどこかに保管されているはず。三菱はそれを公表して自己批判せよ、と本会は強く主張する。

すなわち各事業場が作成し、提出した「華人労務者調査報告書」（華人労務者就労顛末書）を隠蔽秘匿することなく、一斉に公表して、中国人労務者強制連行、強制労働、酷使、虐待の《戦争犯罪》について謝罪し、本人および遺族に対して十分な賠償の義務を果たすべきである。本出版物はそのさきがけとなることを目指したものである。

本会は、端島炭礦における中国人労務者の受けた過酷な「強制労働」実態を目撃した者、つまり「顛末書（付表二）関係者名簿」に記載された役職員の追跡調査を実施したが、その大部分は行方不明または死亡。少数の生存者は「今は何も語りたくない」と証言を拒否しているが、それは端島炭礦側の過酷な「強制労働」を無言で語るものである。

また一九四六（昭和21）年三月、三菱高島礦業所端島坑作成の「華人労務者調査報告書」（華人労務者就労顛末書）は、三菱鉱業株式会社（現在は三菱マテリアル）および同様のものが福岡県下一〇炭礦本社に保存されていると考えられるが、長崎県および福岡県、宮崎県にも保管されているものと考えられる。この際、これらの全事業場と三県は「中国人労務者強制連行、強制労働に関する全ての文書、記録類」を公表して、中国人に謝罪し、賠償、補償の責任を果たすべきであろう。またそれらの諸報告書に記載されている関係者（使役、指導、監督官などの役職にあった者）は、みずから名乗り出て、いかに彼らを虐待、酷使、差別し、傷害を与え、また死に至らしめたかについてありのままを告白し、謝罪すべきであろう。

検証してきた「報告書」は、一九四六年五月に迫った極東国際軍事法廷を目前に作成された。三菱鉱業、端島炭礦とその関係者が戦争犯罪追及から逃れることを目的に、同時に中国人たちからの未払

炭車を押す坑夫たちを視察する岸信介（右２）

い賃金支払い要求を回避することをも合わせて作成されたと判断するのが妥当であろう。「連行」「強制労働」、すなわち「俘虜虐待」の国際法違反からの追及を三菱鉱業株式会社が企業として逃れることはできなかったはずだ。しかし結果的には、極東国際軍事法廷は欧米人俘虜虐待の戦犯追及は行っても、朝鮮人・中国人への虐待の責任追及は行わなかった。「報告書」では中国人の連行を、あくまで「契約」「供出」という表現にこだわり、ときには「日鮮人に比シ優遇」した扱いをしたと強調している一方で、ひとたび日米講和条約（サンフランシスコ条約）が発効した後の一九五三年に作成した「華人労務者に関する調」（一九五三年）ではあっさりと「連行」と表現していること（連行者数あるいは連行者と記述）をみても、以上の判断が正しいことを裏付けている。

日本は今や世界第二位の経済大国にのし上がったが、それは名もないアジアの人びとの犠牲の上に成り立ったものであり、端島という絶海の孤島に連れこまれて連日連夜「酷使」「虐待」に明け暮れ「残酷死」した、これら罪のない中国人の犠牲をおさえこんで、それにたいする過ちを認めず、反省もせず、戦後を突っ走ってきたからである。朝鮮と台湾を植民地支配し、中国、東南アジア等を侵略しつづけて、その過程で大量の中国人を日本に強制連行し、強制労働させ、悲惨な死に追いこんでいった。このようにして日本政府、独占資本三菱に殺された中国人労働者に対して、政府と国会と企業は正式に侵略、植民地化、奴隷労働、虐待死への謝罪と反省を表明し、具体的な賠償、補償を行ない、平和と非戦を誓うべきである。

この「華人労務者調査報告書」に登場する二〇四名の中国人労務者が、日本に強制連行されて端島炭礦で酷使され、連日強制労働地獄にたたきこまれていたとき、中国から北海道に強制連行され、炭礦で強制労働させられていた労務者に劉連仁氏という人がいた。彼は一九四五（昭和20）年七月に脱走したが、日本敗戦も知らずに一三年間も道内の各所を逃亡しつづけた。遂に隠れていた山を下りた劉氏に対して、当時の自民党政府は、《強制連行の事実》を認めず、逆に劉氏に対して「正式の契約に基づいた労働であって、勝手に職場を離脱して逃亡したものだ。今ごろ日本に在住していることは《不法残留》の容疑がある」と毒づいた。そこにはアジア侵略戦争に対する反省、ざんげは微塵も感じられない。

細川新内閣も《戦争責任》を口にしたものの、賠償・補償の決意はない。そうであるならば、さびついた歯車は人民の力で回すしかない。

岡正治、髙實康稔、柴田利明（共同作業）

付1　韓国人、中国人に対する取材記事

語り部ありがとう

強制連行・被爆・差別と闘い…

徐正雨さん　きょう追悼集会

「私の命はもう長くないかもしれない。最後の証言をしたい」。心不全のため72歳で2日亡くなった徐正雨《ソジョンウ》さんは長崎原爆の日前日の8日、長崎市内で被爆体験を久しぶりに話すはずだった。強制連行された韓国人被爆者。教科書や靖国の問題で日韓関係がきしむなか、「若い人がきちんとした歴史認識を持って育ってほしい」と現状を嘆いていた。長崎県被爆2世教職員の会は「語る会」の予定を変更して、追悼集会を開く。

（1面参照）

核のない世紀に

若者の歴史認識憂う

徐さんは戦時中の43年、今の韓国・慶尚南道で農作業中に日本に強制連行された。長崎県・端島の炭鉱で働かされた後、市内で被爆。さらに結核を患った。

在日韓国人に対する差別や病気と闘い続け、82年からは被爆や強制連行の体験を語ってきた。「原爆よりも差別の方が恐ろしい」が口癖だった。ここ数年は市内のアパートに1人で暮らしていた。3年前に体調を崩し、「語り部」から遠ざかっていた。

5月下旬、定期的に米などを届けている被爆2世教職員の会会長の平野伸人さん(54)がアパートを訪れた。久しぶりに被爆体験を語ってほしいと頼むと、快諾してくれた。

7月中旬に再び訪れると、体調がすぐれないのか、やせ細っていた。平野さんが「無理しない方がいい。話をするのはまた今度でも」と気遣うと、ハアハア息継ぎしながら「もう3年以上、証言していない。最後の機会になるだろうから、もう一度やりたい」。

アパートを借りるときに保証人になった高實康稔・長崎大学教授(61)は「少年のような純粋な心を持っていた」と振り返る。長崎を訪れた修学旅行生を相手に腕を大きく振りながら、「おれの健康を返せ」「おれの人生を返せ」と熱く語っていた姿が忘れられないという。

「多くの韓国・朝鮮人被爆者がいた実態を伝えてくれた。戦争と原爆の関係が明らかになり、様々な角度から原爆を見直すきっかけになった」

被爆者健康手帳を取得していたが、救済の枠外に置かれた在外被爆者の問題に関心を寄せていた。特に被爆者援護法に基づく健康管理手当の支

徐正雨さん。部屋には修学旅行生から贈られた色紙や千羽づるが飾られていた＝99年12月26日、長崎市音無町の自宅で

原水協系の長崎大会開幕

原水爆禁止日本協議会（原水協、共産党系）などの2001年世界大会・長崎の開会総会が7日、長崎市内で開かれ、約6500人が集まった。96年の国際司法裁判所による核兵器の違法性判断をふまえ、国連総会に核廃絶条約の交渉を求める決議を毎年提出しているマレーシアのハスミ・アガム国連大使が参加し、「広島、長崎の経験をもつ日本の市民運動は大きな影響力を発揮できるはずだ」と呼びかけた。

原水禁系も

原水爆禁止日本国民会議（原水禁、旧総評系）などによる世界大会は7

朝日新聞・2001年8月8日

戦後55年目に父の遺骨と対面

中国人強制連行

中国天津市にある革命烈士記念館で今夏、偶然１人の遺骨の身元がわかった。中国人強制連行の実態を調査していた長崎の市民団体のメンバーが見つけたこの遺骨は張培林さん。父親の消息を捜していた長女・張桂英さん（59）＝写真中央＝と長男・張徳恒さん（65）＝同手前＝が戦後55年目の対面を果たした。これまで、長崎県の旧三菱端島砿に連行中亡くなり、原爆で遺骨が焼失したとされていた。原爆で直接死亡した中国人は33人いるが、張培林さんは遺骨の行方がわからず「最後の原爆被害者」とも言われていた。

（写真・文　木村英昭）

＝27面に関係記事

朝日新聞・1999 年 10 月 9 日

「いっしょに帰ろう」

錆びついた歯車 1

高島・端島の中国人強制連行

（1面参照）

55年目

骨箱の父に涙の叫び

いっしょに帰ろう！
なんてむごい！
いとしい人
いっしょに帰ろう

天津市の革命烈士記念館の「抗日殉難烈士骨灰室」。張桂英の叫びが響く。父、張培林は骨箱に入っていた。

妹の張桂英はおいおいと泣き、兄の張徳恒はさめざめと泣いた。

端島に連行され、亡くなったことすら知らず捜し続けた父との、戦後五十五年目の対面だった。

———

骨灰室には、名簿に記載されているだけで二千七十七柱の骨箱が納められる。

白いまといが巻かれた張培林の骨箱を偶然見つけた。名簿にあった住所を頼りに、遺族と連絡が取れた。「これは会社側がまとめた資料です」。そう断り、読み上げた。

〈「件名」傷害致死「犯行年月日」昭和一九、九、二〇「加害者氏名」張培林 「被害者住所氏名」当時当坑居住 小田島種吉 「犯行内容」遺恨ニ依ル傷害致死 「被害状況」坑木ニテ背後ヨリ。重傷 「官憲ノ措置」検挙送局 「備考」獄中病死〉

端島に連行中に亡くなった張培林は、その後原爆投下とともに行方が知れなくなった。

端島、高島以外で中国人三十三人の原爆死没者がいるが、その遺骨とともに、一九五〇年代にあった「遺骨送還運動」で、中国に返されたと見られる。だが、詳しい経緯は分かっていない。

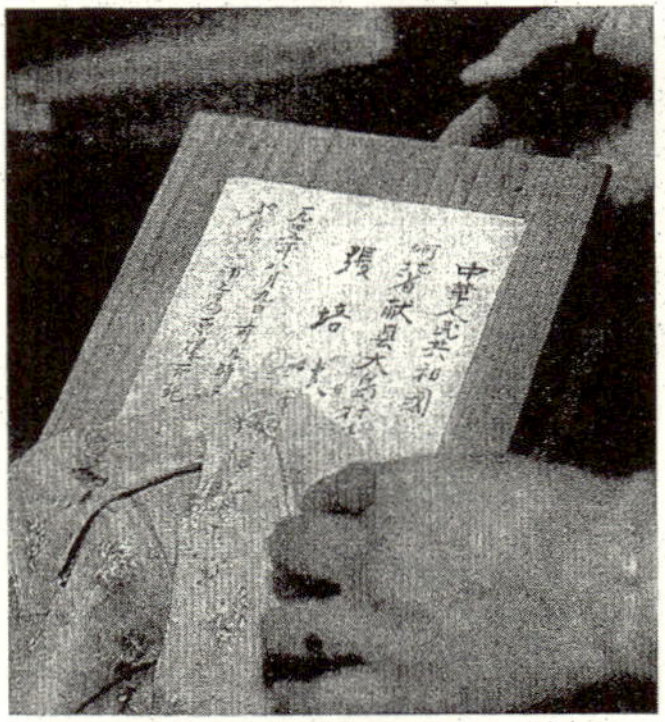

骨箱に入った張培林さん。半世紀もの間、遺族の手に渡らず眠っていた＝中国・天津市で、木村写す

三菱と中国人強制連行　高島砿は一八八一年、端島砿は一八九〇年に三菱の経営になり、それぞれ一九八六年と七四年に閉山した。特に、高島は三菱の社史のなかで「飛躍の源泉」「近代日本産業の発展に大きく貢献」と位置づけている。外務省の報告書によると、全国百三十五事業所のうち、三菱には両砿を含めて九事業所計二千七百九人が連行された。企業が終戦で中国人らの労働力を失ったなどとして、国は総額九千九百五十一万八千五百六十一円（四六年度）を、三菱などの企業に「補償」している。

遺骨の所在が不明だった張培林は、被爆地・長崎では「最後の原爆被害者」とも言われている。

兄妹は無言で聞き、やおら口を開いた。

———

物心もつかないころにいなくなった父親の、たった一つの思い出は「のっぽのお父さん」。

耳が遠く、言葉もうまくしゃべれない兄に代わって、妹が語る。

「母は、私たち二人を抱え、泣いて、ご飯も食べられず、亡くなりました。兄は私を連れて物ごいをしました。何とか生き延びてきたんですよ。犬にかみつかれたこともありました。父を捜し続けたけど、だれも知りませんでした」

———

兄妹はそれぞれ結婚して、所帯を持ったが、生活は苦しかった。兄が体を悪くしたため、十年くらい前から、一緒に暮らし始めた。二家族八人で、〇・七畝の畑を耕す。「食べられれば十分。生き延びればそれでいい」

骨箱の父との対面を終えて、妹は「日本で死んだことがはっきりした。悲しい気持ちでいっぱいです」。兄は「行方不明の父が安置され、少しは気持ちも落ちついた」と言った。

兄妹が手紙を書いてきた。「どうか日本のみなさんに知らせて下さい」と。

手紙から抜粋——

父が失そうしてから、まだ若い青春のさかりの母は、一日中涙が顔を洗い、お茶やご飯ものどをとおらないありさまでした。一年後、過労、心痛が過ぎて、病気になり、恨みを抱いて死んでしまいました。

残された私たちは、どこも頼るところがなく、孤独で寄る辺がなく、着るもの食べるものもなく、長い流浪と物ごいの生活が始まったのです。

数十年来、私たちは失そうした父のことを思わないことは、一時もありませんでした。私たち家族が再会するという夢はこれで消えてしまいました。

中国人民に謝罪し、日本政府と企業が被害家族へ精神的賠償と経済的賠償をすることを断固として要求します。

（岩田裕美訳）

（文中敬称略）

◇

国と三菱の資料に残る強制連行された中国人は高島砿二百五人、端島砿二百四人——昨年、強制連行の実態などを問うアンケートを送った。返信は生存者二十二人を含む、六十七通。誤字や脱字。字を書けない人も一生懸命につづった手紙には訴える場所もなかった、自らの半生が書き連ねられていた。手紙を頼りに今夏、長崎在住の市民らと中国に渡った。

いま、錆びついていた歯車が動き始めた。

（写真部・木村英昭）

朝日新聞・1999年10月9日

「せめて幸せな晩年を」

錆《さ》びついた歯車　2
高島・端島の中国人強制連行

黒い鍋

文革でスパイの汚名

秦皇島市は、河北省の北東部にある人口約二百六十二万人の港湾都市だ。海にほど近い中心地から車で一時間ほどの集合アパートの一階が、端島に連行された張春軒(八二)の終《つい》の住処《すみか》になろうとしている。

昨年夏、アンケートを受け取った。

「まずは届いた手紙に感謝しました。これでやっと日本に連行された『労工』だということがはっきりした」

張春軒は戦前、旧日本軍の侵略と戦う十三の村が集まった「中心村」の村長だった。一九四三年初め、所用で駅に行く途中、旧日本軍に捕まり、端島に送られた。

戦争が終結。帰国後は河北省滄州市から秦皇島市に一家でやって来た。仕事は、農業から荷物運搬に変わった。

文革の渦中、無縁ではいられなかった。六六年から十年間、社会に深刻な影響を与えた文革で、「右派分子」として弾圧され死亡した知識人や民衆は、一千万人とも言われている。

特務（スパイ）、裏切り者と、張春軒はののしられた。「日本に行った」ということ以外に理由はいらなかった。

罪名は特務。懲役三年。一年半入獄し、出獄後も監視がついた。親類との連絡も制限されたという。

今は名誉を回復されたが、文革当時の気持ちを尋ねると、張春軒は無言で返した。

「労工であって、特務ではない」。家族は関係当局に訴えたが、聞き入れられなかった。日本から戻り、落ち着き始めた生活は働き手が投獄されたため、生活は陶器工場に勤める、長女の夫に頼るしかなかった。

「文革の十年間、一家は『黒い鍋《なべ》』を背負わされ続けました」

黒い鍋とはぬれぎぬを指す比ゆだ。父の横にいた長男の張棋生(五三)は続けた。

「父が特務とされ、まともな仕事に就けなかった。これから仕事を、という一番いい時期、頭を上げることさえできなかった」「父は抗日のために尽くしたのに、文革では特務だと……。連行でもたらされた家族への災難と損失は計り知れない」

妻の劉桂英(八二)は言葉を継いだ。「戦争が終わり、やっと人並みな生活ができると思った矢先の文革。また収入がなくなった。頑張れたのは子どもたちがいたからです」

文革の時に支えてくれた長女は、父が日本へ連行された当時三歳だった。「私が泣くと娘も泣く。毎日、何元入るか保証もない生活でした。その時も、子どもを育て上げよう、生き延びていこうと思うばかりでした」

一カ月前、今のアパートに引っ越した。元々暮らしていた家が区画整理のため取り壊されたからだ。

四百元の年金が出るはずだが、折からの不況で支給されないこともある。

近くに住む次女が毎日顔を出すが、関節炎や十数年前になった脳いっ血で、つえを手放せない。

入居に必要な三万元は、孫で公務員の劉守平(三〇)が出した。「せめて幸せな晩年を送ってほしい」。そんな思いからだった。

「連行されたことや文革のことは普段しゃべりませんが、気難しいおじいさんだが、経済的な補償に加え、少しでも気持ちが慰められたらと思う」

（文中敬称略）

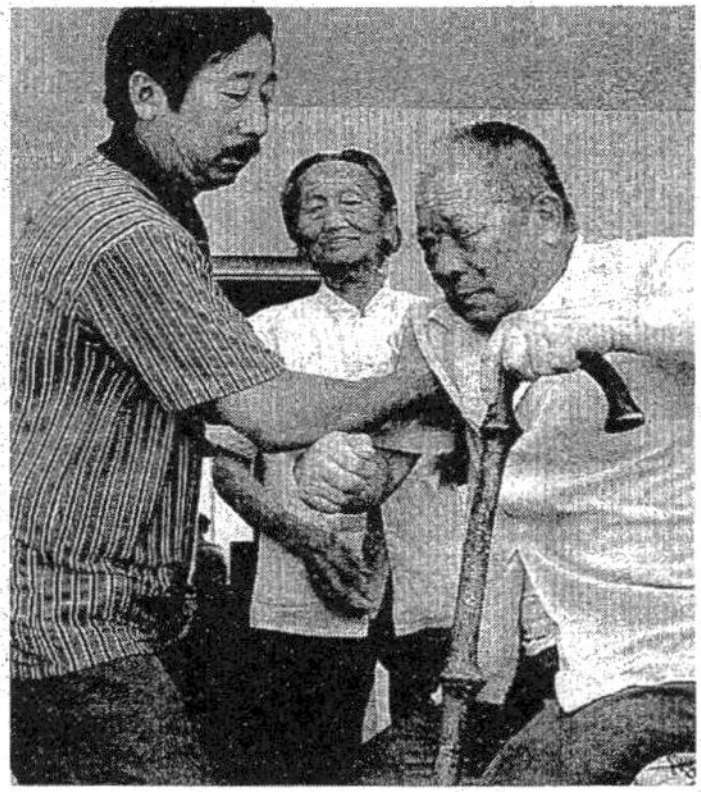

体が思うにまかせない張春軒さんは妻の劉桂英さん（後方）の手が欠かせない。左は長男の張棋生さん＝中国・秦皇島市で

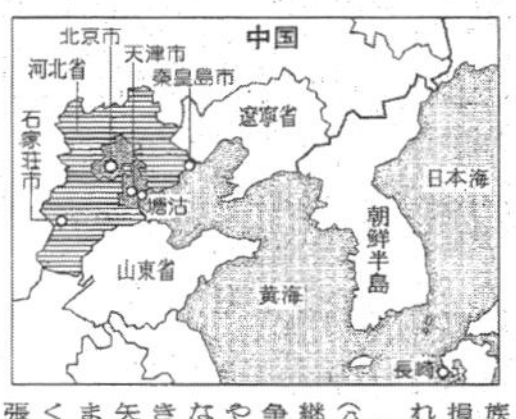

朝日新聞・1999年10月13日

「ずっと飲まず食わず」

錆びついた歯車 高島・端島の中国人強制連行 4

幻の抵抗 発端は仲間二人の死

李慶雲（七五）は、端島に連行されて一年くらいたったころ、と記憶している。強制連行、強制労働に抗議し、入坑を拒んだ抵抗闘争が一九四四年に起こった。

この抵抗は「昭和二十一年三月」付の会社資料「華人労務者調査報告書」に、次の記載があるだけ。

〈当初華労全員三菱長崎造船所就労予定ナルモ県ノ方針ニ依リ炭坑ニ転換サレタルヲ不満トシ入坑拒否（約半数）ヲナス 関係係員ノ誠意アル説得ニ依リ即日決定シ入坑ヲ承諾ス〉

抵抗を最後まで貫いたのは五人。李慶雲以外はすでに他界している。

「正史」には書かれていない民衆の「青史」が、李慶雲の口から明らかになった。

「入坑拒否は仲間の蘭桂相が持ちかけてきた」と、話し始めた。

抵抗がつぶされないよう、会社への要求は、仲間でこう決めた。「炭鉱とは聞いていない。職場を変えてくれ」

生存者の証言から、端島は二交代制だった。仕事をしていない交代要員の半数約百人が入坑時間になっても準備に取りかからず寮にいた。

鉱長と思われる日本人が叫んだ。「なぜ服を着替えない。お前たちは、金を出して買ってきたんだから働け」

刀と銃を持った警察官も駆け込んできた。一人ひとりに詰め寄り、「仕事をしないと言う者は、こっちの部屋に行け」。五人が入坑を拒否し続けた。そして、島内にある警察の留置場に入れられた。

李慶雲は身ぶりを交えながら語る。

「『ヤマに入って働くか働かないか』と言われ、一人ずつ後ろ手に縛られた。こん棒や皮ベルトでたたかれた。一滴の水も食料もなく、ある者は渇きから小便を飲み、ある者は木刀で突かれ、昏倒《こんとう》した。『しっかり働かないとこんな目にあうんだ』と、仲間の前に引き出された」

「何度も竹刀でたたかれた。ほら、右肩が下がっているでしょう」と、片肌を脱いで見せた。

天津生まれの日本人が中国語で「働くと言えば留置場から帰れる。このままだと殴り殺されるぞ」と、諭すように言ったという。

「ずっと飲まず食わず。しょうがなかった」「ヤマに入って働く、と言いました」

こうして、抵抗は三日間で終わった。

事の発端は、坑内でのガス中毒で、仲間二人が死んだことだった。

仕事は李慶雲と同じ坑道を埋める「充填《じゅうてん》」。李慶雲が救出に向かうと「二人は口をぱくぱくしていて、声の掛けようもなかった」という。

「現場監督の『安藤』が、『ガスが出ている。坑をふさげ』と指示した」

「安藤は大きな時計を手に持ち、『五分たったら戻ってこい』と言って、二人を向かわせた」

五分後。二人は戻って来なかった。李慶雲は安藤を模して、日本語でそらんじた。「ウエガアブナイ（上が危ない）。ハヤクイケ（早く行け）」

「二人が持って行ったのはつるはしだけ。医者は呼ばれもしなかった」

仕事は打ち切られた。李慶雲が二人を石炭運搬用の炭車に乗せ、地上に出たのは、もう太陽が沈もうとしていたころだった。

会社の資料では、二人は四四年八月十七日に死亡、とある。死亡病名は「心臓麻痺《まひ》」、治療経過は「変死」と記されている。

遺体は、端島と高島の間にある中之島で火葬。終戦後、二人の骨は李慶雲ら仲間の手によって故郷へ届けられた。（文中敬称略）

苦難の人生を思うとき、李慶雲さんはだれはばからず泣いた＝北京市で

朝日新聞・1999年10月16日

付2　軍艦島上陸解禁記事

35年ぶりに上陸解禁となり、見学通路を巡る観光客ら　＝長崎市、端島

軍艦島

35年ぶり上陸解禁

かつて炭鉱の島として栄えた長崎市高島町の端島(通称・軍艦島)の上陸が22日、35年ぶりに解禁され、元島民や観光客ら約70人が島内を見学。日本の近代化を支えた島の当時の思い出を振り返ったり、島民の暮らしに思いをはせた。【22面に関連記事】

元島民、観光客ら　当時に思いはせる

参加者は民間の船会社の船で到着。上陸観光のために市が整備した見学用通路や見学広場を巡り、「端島炭坑」の施設跡や、日本最初の高層鉄筋アパートの「三十号棟」などを見学した。

出航に先立ち、同市元船町の大波止第二桟橋ではセレモニーがあり、智多正信副市長が最初の乗船者となった東京都目黒区の森山茂博さん(五九)、洋子さん(五八)夫妻に花束と記念品を贈呈した。

端島は、長崎港から南西十九㌔の海上に位置し、周囲約一・二㌔の島。明治以来、炭鉱で栄え、最盛期には約五千三百人の島民が暮らしたが、一九七四年閉山。無人島となった。昨年九月、「端島炭坑」を含む「九州・山口近代化産業遺産群」の世界遺産暫定リスト入りが決定。

長崎市は端島を新たな観光スポットして売り込む考えで、年間約二万人の観光客を見込んでいる。

長崎新聞・2009年4月23日

付3　崔璋燮氏記事

元徴用工 65年ぶり軍艦島上陸

過酷労働「世界遺産として史実見つめて」

世界遺産登録を目指す動きがある長崎市の端島（通称・軍艦島）。戦前その炭鉱に徴用され、長崎原爆投下後に被災地のかたづけにあたった韓国在住の崔璋燮さん(82)が65年ぶりに島に上陸した。「世界遺産として島の本当の歴史を見つめて」。多くの観光客が訪れる島に願いを込めた。【蒲原明佳】

終戦の発表を聞いたかつての事務所前に立つ崔さん（右から2人目）。奥に見えるのは崔さんが地下に暮らした工員住宅＝軍艦島強制連行韓国人被害者調査会提供

崔さんは市民団体の招きで来日。11日に約2時間上陸し、市の許可を得て島北部の病院前に立ち入り、廃虚と化した工員住宅を眺めた。「死と隣り合わせだった島がこんなに変わった。寂しく、悲しいような複雑な気持ち」と記憶をたぐった。

朝鮮半島南部の益山に暮らしていた1943年2月徴用された。14歳だった。妹と駅まで見送りに来た母が深々と頭を下げ、息子の無事を祈る姿に「涙が出ました」。

汽車と船を乗り継ぎ端島にたどり着いた。朝鮮人の住まいは、工員住宅の地下。3交代で1日12時間、深く狭く息苦しい炭坑で、ふんどし1枚でつるはしを振るった。食事は1日2回、豆かすのおにぎり。労働の後、そびえ立つ防波堤に寝転び、けいれんする筋肉を海風で冷やした。四方は海。逃げようにも逃げられない。筏を組んで〝脱出〟を試みた仲間7人は、あえなく捕まり、ムチで打たれた。「人生、どうしてこうなったのか」。自殺を何度も考えた。

45年8月9日。非番で自室にいると稲光のような光が10秒ほど続き、窓ガラスが割れた。市街を見ると海も山も赤く染まっていた。「若い血潮の予科練の――」。島の子供たちはそれでも軍歌を歌っていた。

終戦。炭坑長が悔し涙を流しながらも優しい言葉をかけた。「皆さんは故郷に帰れるから安心してください」。18日、多くの朝鮮人が被爆した長崎市街のがれき撤去にかり出された。帰郷したのは11月中旬だった。

09年に「九州・山口の近代化産業遺産群」の一部として、世界遺産国内暫定リスト入りした端島。崔さんは「登録を目指すことは否定しない」と話す。そしてこう続けた。「世界遺産にすることは、本当の歴史をそのまま表現する場所でなくてはいけない。ここに生きた人の人生をなかったことにしないで」

毎日新聞・2011年2月13日

付4　長崎軍艦島韓国人強制動員・強制労働証言集会を準備して

李大洙（韓日一〇〇年平和市民ネットワーク運営委員長）

長崎を訪問するのは三回目です。美しい港の町、江戸時代から対外開放港として位置づいて来た長崎には多様な異国的風貌がありながら、同時にカトリックの殉教、原爆暴投という胸痛む歴史があり、それらと係わる施設と記念物を見学しました。

今日、六八年前一五歳の年で日本に強制連行され、二年半の間軍艦島で強制労働させられた崔璋燮翁の証言を聞く席が用意されました。今回の集会を準備された軍艦島強制連行韓国人被害者調査会をはじめ、長崎平和資料館の関係者及び参加された市民にも感謝いたします。今日ここで一緒に考えてみたいことをお話しします。

第一　韓日（日韓）、東アジアの歴史認識共有

韓（朝鮮）半島と日本列島は長年の歴史を通じて交流して来ました。地理的に一番近い隣国であり、具体的には伽揶と百済などとの活発な交流が成り立って来た関係でした。韓半島から多くの人々が九州を含めて日本列島全域へ移住したりもしました。高麗時代・朝鮮時代の一時期は韓半島を侵奪した

朴準球さんをインタビューする李大洙さん（右。2011年1月31日）

倭寇の出没もあり、これを征伐するための討伐戦争もありました。元国に服属された時代には高麗とモンゴル連合軍が九州地域を征伐するために侵略した時もありました。日本全国を統一した豊臣秀吉による朝鮮侵略戦争は中国（明）の参戦で北東アジア戦争と拡がり、その過程で幾多の朝鮮人が犠牲となったし、日本の兵士も犠牲を払いました。強制で日本へ引かれて来た朝鮮人が日本に定着して歴史の一部分を満たしたりもしました。幸い戦争以後徳川家康が執権して、一六一七年以後一二回にわたって朝鮮通信使が日本を訪問した二〇〇年間は平和な時代が続きました。

一九世紀西欧進出期の日本では、明治維新で近代産業化の成功と日清・露日戦争での戦勝により台湾と朝鮮を植民地化しました。日本国民は勝利感に酔って天皇制を強化し、軍国化はさらに拡散し、世界恐慌を経ながら日中戦争に引き続き太平洋戦争へと走りました。そうするうちに遂に連合軍によって敗戦し、原子爆弾の前に屈服しなければなりませんでした。ＧＨＱによる軍国日本の解体と帝国憲法から平和憲法への改憲が成り立ったりしましたが、冷戦が拡散するなかで朝鮮戦争とサンフランシスコ条約を土台に日本の経済復興と自民党の五五年体制が定着してきました。

日本の多くの歴史博物館を見て回りました。飯塚歴史資料館では二〇〇〇年前の渡来人と推定される当時の支配層の死体が展示されていました。出雲市にある古代歴史博物館、太宰府にある九州国立博物館でも韓半島と日本列島間の幾多の交流の事実を確認することができました。東京の昭和館では戦争の被害を強調しながら朝鮮人の犠牲を略してしまう没歴史に、靖国神社の遊就館では日本帝国主義に対する郷愁に満ちていました。京都の立命館大学平和博物館では生命の誕生から始めて人類の歴史をよく見ることができました。現在の人類が地球上に分布された時期がBC四万年前位と言い、遺伝的にはほとんど一致するので地球上のすべての人類は同じ根源を持つ存在と人類学者は言っています。それは人類の未来を暗示するものだと思います。

第二　強制連行・強制労働に関して

日帝下一九三九〜一九四五年八月の間に行われた強制動員で七〇〇万名（推算）の朝鮮人が国内外で苦痛を受けました。そのうち一五〇万名（推算）が日本本土とサハリンや南洋群島などへ強制動員されました。日本内では二、六七九カ所の作業場（歴史教師竹内康人の調査結果）、つまり日本全域で広くこのような強制動員と強制労働があったといえます。長崎県には一二四カ所の事業場があり、端島炭鉱はその中の一事業場です。強制併合一〇〇年を迎え、韓国では強制動員の現場を取材した新聞記事を土台とした「日帝強制動員、その知られなかった歴史」という本が出版（二〇一〇年一一月）

されました。その本には「戦犯」（戦争責任）企業の代表的な事例として三菱鉱業が運営した軍艦島の実際が紹介されています。多くの場合第一次的に現地に住んでいる日本の市民活動家による調査が先にありました。「長崎在日朝鮮人の人権を守る会」や「岡正治記念長崎平和資料館」の活動もその代表的な事例と思います。国益を掲げる民族主義や国家主義を越えて人類の普遍的な価値を唱える普通教育とデモクラシーの拡散がそのような事を可能にしています。企業の側面でもこういう点が大事ではないでしょうか。日本の多くの「戦争責任」企業が韓国と中国に進出しました。強制動員の過去事（史）をまともに解決して良いイメージに認識されると当該地域の消費者から歓迎を受けることができるし、ビジネスにも成功する確率が高くなります。数年前から裁判を起こした強制労働関連の中国人被害者との合意を通じて、日本の多くの企業がそのような変化を見せています。名古屋三菱重工勤労挺身隊のお婆さんたちと日本訴訟支援会の根強い要求を通じて、ついに交渉が進行されたりした事例もあります。

第三　東アジアの平和秩序を思って

長期間不況が続くなかで再び過去の栄光を再現して見ようとする郷愁が拡散している姿が見えます。日本内の問題ですが、少しは心配になります。何故ならば日本を取り囲む東アジアの情勢と国際的な力学関係が一〇〇年前とは比較できないほど変わったからです。ロシアはアメリカに匹敵するほどの軍事力を育てて来たし、中間に力の弱くなった時もありましたが、いまだに絶大な力を持っています。最近中国は日本を追い抜いて世界第二位の経済大国になりました。日本の植民地だった朝鮮はたとえ南北が分断された状況であっても、韓国の経済成長は刮目に値する水準です。アメリカが世界最大の債務国となって力が弱化され、日本は長期不況だと心配しているところです。

日本が日清戦争・日露戦争で勝利し、韓国を強制併合した時代とは確実に異なる国際情勢が形成されています。最近日本周辺国との領土紛争が激化される兆しが見えますが、これは国際力学関係の変化による状況です。一方で東北アジアの新冷戦秩序が形成されるという憂慮の中で軍事的緊張が高まったりしますが、米ソ中心の冷戦秩序は解体されたし、もうアメリカと中国は競争的ながらも協力的に世界秩序を構築する責任をもっています。そして目を回りに向けて見れば、ヨーロッパ連合の事例からも希望が見られます。一、二次世界大戦を含めて世界歴史上あらゆる戦争を全部経験した所ですが、今はヨーロッパ連合として統合されながら戦争の脅威ではなく共同の繁栄を図っています。韓中日市民が東アジア平和を実現するための成熟した共同行動が必要な時です。これからは世論と選挙を通じてそういう政治的変化を誘導することができるので、人権とデモクラシーが定着するように努力しなければなりません。アジアデモクラシーの水準を高める時代精神が切実な時です。

第四　ユネスコ文化遺産登載と係わって

長崎市を含めて日本の多くの地方自治体が中心になって、九州・山口県の地域一九個の近代産業施設物をユネスコ近代遺産の暫定リストに登載しました。ユネスコ文化歴史遺産が多くなるのは歓迎すべき事でしょう。ところが、九州・山口で日本近代化産業遺産を世界遺産にしようとしている炭鉱や製鉄所などの施設には朝鮮人と中国人の強制動員と強制労働があり、また一部の地域では連合軍捕虜への強制労働もありました。誰にも誇らしい歴史もあるはずですが、恥ずかしい歴史もあるはずです。そういう施設は日本の成功的な近代産業遺産だから誇らしいものでもありますが、強制動員の暗い歴史も一緒に存在するという事実を認めなければなりません。一歩進んで、九州・山口の近代化産業遺産を東アジアの遺産と思うことはできないでしょうか？　強制動員は植民地になって強制動員された朝鮮民衆にとっても恥ずかしい歴史です。三年前ドイツの一産業都市にある昔の製鉄所を訪問しましたが、その説明文にはヨーロッパ産業遺産に登載されたと紹介されていました。

ドイツだけではなくヨーロッパで拡大する前向きな措置を取ることによって、観光客が訪れるようにしたのです。首都ベルリンにはユダヤ人追慕公園が設置され、地下のユダヤ人虐殺資料センターには三〇〇万名のユダヤ人犠牲者資料が整理されていました。そして多くの所に過去ナチが強行した暴圧を証言する展示物が写真や施設で設置されていました。ドイツは一、二次世界大戦を通じてヨーロッパでの侵略と戦争を触発させたのですが、持続的で責任ある過去清算を進行しながら、今はヨーロッパ連合を導いている中心的国家に位置づいています。

終わりに――東アジアの平和のための共同の努力が必要です！

人間は過去の長い歴史を思うだけでなく、未来の希望を想像することができる存在です。人類文明のメッカを含んでいる東アジアには豊かな宗教的・霊的（精神的）遺産と歴史があります。一九世紀西欧侵略勢力の東進中に成り立った日本の近代化は、最初はアジアではうらやましい対象になったりもしましたが、戦争と侵略につながったためにアジア民衆におびただしい災いをもたらしました。日本の民衆にも結局災いだったと思います。

二次大戦で人類は三〇〇〇万人の死傷者を出しました。それで私たちは今いっそう切実に平和を語るようになりました。日本の歴史と社会に関心をもって勉強し、多くの地域の施設物と現場も訪問して見ました。その過程で日本の立派な市民にたくさん会いました。市民団体活動家もいて、ルポ作家もあり、郷土史学者もあり、大学の研究者や公務員や教師や主婦もいました。時には地方自治体が参加して協力したりしました。

二一世紀に当面している地球環境危機と軍事注意と戦争危険、人種葛藤、国内外の貧富格差など、私たちが一緒に解決しなければならない多くの課題が地球市民であるとともに東アジア人である日本と韓国の国民、九州と長崎の市民、京畿道と大田の市民（韓国の本日参加者居住都市）に与えられていると思います。

今日この証言集会は六六年前の朝鮮人強制動員と強制労役の真相と責任を明らかにするためのものでもありますが、過去の歴史的事実を認識することと同時に未来世代の歴史教育と和解の場として活用されるように願っています。一歩進んで過去の歴史を教訓にし、これから韓日地域市民間の理解と友好を実現するきっかけになることを期待します。去年六月には飯塚で九州筑豊における強制動員証言集会を韓日（日韓）市民団体が共同で開催し、飯塚市を含めて隣近自治体の後援と協力もありました。

過去のことを考えるのは、私たちは怒りを育てるためではなく、デモクラシーと人権尊重を学び、相違と多様性を尊重する成熟した市民と品格のある社会、東アジア平和を実現しようとするためです。私たちは日本人と韓国人としてだけではなく、東アジア人として知恵を集めなければなりません。韓国と日本市民たちは多様にそういう努力をもうすでにしています。アジアで市民社会が発展したと認められて来た日本と韓国の市民が責任感を土台として歴史認識を共有し、デモクラシーと人権実現の水準を高める機会になることを期待します。手をつないで一緒に頑張りましょう。

（二〇一一年二月一〇日、長崎カトリックセンター）

補遺　沈没！軍艦島 世界文化遺産化の果てに

軍艦島（端島）が二〇一五年七月五日ユネスコ世界遺産に登録されてから一年が経ち、本書の初版（二〇一一年七月三一日）から五年が経つ。

二〇〇七年一二月に六県一一市の自治体が共同で、「九州・山口の近代化産業遺産群」として世界遺産暫定一覧表への二二資産の追加を文化庁へ提案した。その二二資産の中に、明治期以来、第二次大戦下に朝鮮人、中国人を強制動員した施設が含まれていた。端島・軍艦島はその最たる一例であった。世界遺産登録申請の趣意書には日本の近代史から朝鮮人・中国人強制動員の歴史を消し去ろうとする意図が明白であった。それでも歴史を社会科学として扱う限り、このような政府や自治体行政府のその時の政治意志が史実そのものを消し去ることは出来ないことを私たちは確信して、端島・軍艦島に世界の耳目が集中するときにこそ、強制動員された朝鮮人・中国人の証言が確固たる史実として広まるであろうことを期待して本書を企画したのであった。

始まりは廃墟ブーム――世界遺産化の経緯

一九九三年に、日本初の四つの世界遺産（白神山地、屋久島の自然遺産と、姫路城、法隆寺地域の仏教建造物群の文化遺産）が同時に誕生した。その頃は、世界遺産への登録地決定は政府主導で複数の候補を世界遺産委員会へ推薦することができた。特にアメリカの登録反対が予想された九六年の広島「原爆ドーム」も、日本政府が「純粋に人類の負の遺産としての価値」を訴えた結果、委員会採決まで持ち込まれることなくスムーズに登録が決まっていた。

二〇〇一年一〇月、端島を所有者の三菱マテリアル（株）が西彼杵郡高島町に無償譲渡した。それを契機に有志による「軍艦島を世界遺産に」の動きは始まった。「軍艦島世界遺産化」によって、一九七四年閉山後、瓦解し始めていた軍艦島の住居施設を保存しようとしたのである。

長崎市と旧高島町が合併した〇五年頃は、日本中に「廃墟ブーム」が起きていた。かつての海洋都市「軍艦島（端島）」は不思議な光景の廃墟の島として、全国の注目を浴び始めた。二〇〇四年七月には海運会社が長崎港内から端島への観光クルーズ船を就航させ、長崎市も観光資源として活用していくことを決めた。ただし、建造物の保存には莫大な予算が必要なため、観光テーマはあくまで『風化の過程を見せる』こととし、現存する建物には手を加えず、端島に桟橋と見学通路を総額一・九億円をかけて整備したのである。そして、二〇〇九年に観光客の軍艦島上陸を解禁した。『廃墟ブーム』

ということもあり、解禁初年度（〇九年度）は長崎市の当初予想の三倍に当たる約七万五〇〇〇人が訪れたのである。

一方では、軍艦島が朝鮮人・中国人強制動員の歴史に覆われた島であることも国際的に広まっており、既に世界文化遺産化運動の是非は問われていたのである。

二〇〇六年秋に文化庁が日本各地にユネスコ世界文化遺産登録運動の輪を広げる目的で「暫定遺産リストの候補地募集」を行なった。軍艦島世界遺産化運動も「暫定遺産リスト」に名乗りを上げた。しかし、この世界遺産化は単なる文化財保護が目的ではなかった。その背後には経済産業省の地域経済政策があったのである。

日本経済は一九九〇年代初頭に陥ったバブル崩壊による景気後退から立ち直れずにいた。加えて一九九八年の金融危機で、日本経済は徹底的なダメージを受けた。戦後日本の高度経済成長は、産業と人口の都市部への集中、他方で地方の過疎化と地方経済の疲弊、地方自治体の財政破綻が迫っていた。多くの地方自治体が深刻な財政破綻の危機に直面し、日本政府の国庫は地方自治体への交付金（地方交付税）の増加に耐えきれなくなっていた。

そしてグローバリズムを伴った新自由主義政策のもとで、産業資本、金融資本は投資先をより安価な労働力と地代を求めて中国、アジア諸国へ流れ、国内産業は空洞化していた。地方経済はそのあおりを受け、企業倒産、工場閉鎖が相次いだ。結局、新自由主義が地方の貧困化、格差社会を生み出し、矛盾を拡大した。

少子高齢化社会への対応をうたった平成の市町村合併が一九九九年から始まった。小規模の地方自治体を合併させ財政規模を拡大させることで財政危機への抵抗力をつけることに本来の狙いがあった。同時に、総務省による地方自治の形骸化も進んだ。

経済産業省は二〇〇四年地域経済研究会を発足させ、地方経済活性化政策を模索していたが、それが、産業遺産を結びつけた観光産業で地方経済を活性化させようという近代化産業遺産の活用案であった。二〇〇七年四月に産業遺産活用委員会（第一回）が開かれ、「近代化産業遺産の活用」を政府の重要な産業政策に位置づけた。活用委員会では産業遺産の世界遺産認定を目指し、「シリアル・ノミネーション（連続性のある遺産）」という手法に基づく近代化ストーリーが練られ、各自治体による官民挙げての世界遺産運動が始められたのであった。

経済産業省発行の冊子「近代化産業遺産群三三」はその趣旨を縷々のべるが、詰まるところ「近代化産業遺産群の観光事業化」が打ち出され世界遺産化運動となっていった（＊経済産業省の地域経済研究会の議事、「近代化産業遺産の活用」案に関する一連の文書は経産省のホームページに掲げられている。この時は、「近代化産業遺産群」の期間を「幕末から昭和初期にかけての産業近代化の過程」としていたことに注目しなければならない）。

明治栄光論という虚構

近代化産業遺産群の世界遺産登録申請手続では、数次の登録名称と構成資産の変更が行われていった。所管も文化庁から内閣官房へと移っていったのである。

まず、二〇一三年四月二三日には国へ推薦書案を提出し、名称を「日本の近代化産業遺産群――九州・山口及び関連地域」に変更した。同年八月二七日には、内閣官房が所管する稼働中の産業遺産を含む産業遺産に関する有識者会議において、二〇一三年度のユネスコへの推薦候補に選定されるとともに、再度、名称が「明治日本の産業革命遺産　九州・山口と関連地域」に変更された（長崎市「世界遺産推進特別委員会調査報告書」二〇一五年二月）。

次に二〇一四年七月一四日、一五日に、内閣官房、「九州・山口の近代化産業遺産群」世界遺産登録推進協議会、一般社団法人産業遺産国民会議の主催で「産業遺産国際会議」が開催された。そこでの勧告として「明治日本の産業革命遺産　九州・山口と関連地域」から「明治日本の産業革命遺産　製鉄・鉄鋼、造船、石炭産業」へと、名称の変更が指示され、対象を九州の五県と山口、岩手、静岡の計八県に点在する二三資産で構成される近代日本の産業遺産群としたのであった。

この時、背後で展開されたのが、「世界文化遺産の目的は、普遍的な価値を有する遺産を人類全体の財産として保護すること」という国際的な命題よりも日本政府の政治的な思惑を優先させる政治決定であった。

世界文化遺産の候補は文化財保護法で定める史跡や重要文化財であることが前提で、従来、文化遺産は文化庁、自然遺産は環境省が管轄し、候補選択は文化庁と文化審議会が行ってきた。ところが、二〇一三年五月、政府は内閣官房に加藤康子《こうこ》産業遺産国民会議専務理事を筆頭に有識者会議を設置し、そこからも推薦できるようにした。稼働中の工場などを含む場合、文化財に指定されていなくても推薦できるようにするためとの名目であったが、世界文化遺産の推薦権を内閣官房が文化庁から奪ったのである。

軍艦島の保存工事費が一五〇億円と見積もられたこともあって長崎県と文化庁はユネスコ世界文化遺産登録推薦を「キリスト教教会群」の方に決めていた。その「キリスト教教会群」から軍艦島を含む「産業革命遺産」への推薦選定が変更されたのである。それは、軍艦島の保全工事費を政府負担とし、文化庁の権限を剥奪し、最後は官房長官が裁定するという異例の選考方法となったからであった。

「明治日本の産業革命遺産」の構成資産の七カ所に、朝鮮人・中国人の強制動員の過去があることは、二〇〇五年以前から韓国・中国政府によってすでに指摘されていた。だが、二〇一三年九月八日、東京オリンピック二〇二〇年開催が決定し、政府は高揚感のただ中にあった。政府、内閣は世界遺産問題も「突破すべき」外交対立として据えることにした。このときから日韓間の外交衝突は避けられないものとなっていった。

「明治日本の産業革命遺産　製鉄・鉄鋼、造船、石炭産業」への名称と構成資産の変更は、韓国との外交問題へと発展することを見据え、歴史的史実をねじ曲げた強引な設定変更となったのである。

「松下村塾から現在稼働している施設」までを一つのストーリーとしてくる論法はもともと強引きわまりない。「安倍晋三首相の地元・山口が過度に強調され、首相の意向が審議会の決定に裏で働いた」という噂も飛び交った。また地理的に広範囲に及ぶ「シリアル・ノミネーション」という手法は、世界遺産の適用規定範囲をいたずらに拡大することも懸念された。

強引な設定変更の極めつけが、明治産業遺産の対象期間を「幕末から（大英博覧会が行われた）一九一〇年」とし、その後の時代を切り捨てたことであった。前述のように二〇〇七年には経済産業省は「幕末から昭和初期にかけての産業近代化の過程」としていた。それが突如として一九一〇年までに切り縮められた。一九〇九年に起きた大逆事件、石川啄木が「地図の上　朝鮮国に　くろぐろと　墨をぬりつつ　秋風を聴く」とうたった韓国併合の一九一〇年が日本の近代史の転換点であることは確かである。だが、明治産業革命遺産の構成資産の大部分が、一九一〇年以降の過程を切り捨てたのでは歴史的価値を失うことになるのである。

明治産業遺産の対象期間を一九一〇年までに決めたのは、朝鮮人戦時動員問題を理由に世界遺産登録に異議を唱える韓国政府の批判の矛先をかわすための方便であった。決定の経緯を、加藤康子産業遺産国民会議専務理事は次のように説明している（＊二〇一五年一〇月一七日『アジア太平洋交流学会定例研究会』での講演。加藤康子氏は二〇一五年から内閣官房参与。明治産業遺産問題の発案から世界遺産化推進企画全般に関与し、ユネスコに提出する二千ページに及ぶ英文の推薦書も作成した最大の寄与者である）。

――本件に関しては、政府推薦の過程で文化庁や外務省を始め関係省庁に根強い抵抗があり、文化審議会は明治日本の産業革命遺産にはご反対で「長崎の教会群とキリスト教関連遺産」を推薦した。

——内閣官房（地域活性化統合事務局）の有識者会議では「明治日本の産業革命遺産」を推薦し、二〇一三年九月二七日、菅官房長官の会見により、内閣官房有識者会議の候補と文化審議会の候補の政府部内による一本化調整の結果を発表、二〇一四年一月一七日に日本政府（安倍内閣）は、世界遺産委員会に二三施設（八県一一市の）の推薦を決定した。……

——（世界遺産委員会へ二三施設の推薦決定にあたって）関係省庁に抵抗があった理由は下記に集約される。①明治の後期の遺産は中国・韓国と摩擦がおこり教科書問題になる②世界遺産価値として提示している内容がナショナリズムを喚起する内容である③稼動資産は文化財保護法の考えになじまない。世界遺産の範囲は全て文化財保護法もしくはそれに類するもので保全・保護されるべきである④行政区域が広すぎる（県をまたがる場合には保全保護の仕組みが機能しづらい）⑤民間企業が所有し管理しているものは世界遺産の保全になじみにくい……

——一番大きかったのは、三菱重工、新日鉄、三池港を構成資産にすることへの反対だった。文化庁のご担当者からは「明治の後期を落とさないと教科書問題に発展する」とご指摘をうけ、文化審議会の座長ほか専門家からも「労働問題がある資産は韓国との摩擦があるので外すべきだ」というご指摘も頂いた。

——外務省の反対は、内閣官房の枠組みを閣議決定した後も続き、最後まで日韓の摩擦を避けるべきであるという理由で、反対論は強かった。

——しかし海外の委員の先生の後押しもあり、多くの皆様のご支援で、結果としては価値に妥協をすることなく、世界遺産価値を伝える二三の構成資産を一つも落とさず、政府内の仕組みを変えることにより突破をした。

安倍内閣内部でさえも、明治日本の産業革命遺産登録で韓国政府と外交対立を避けるべしという声が上がっていた。それを、対象期間の一九一〇年以降切り捨てと政府内の組織替えをもって、日本の側から韓国との外交対決に臨んだのである。

二〇一五年七月五日、ドイツのボンで開催された国連教育科学文化機関（ユネスコ）の世界遺産委員会で「明治日本の産業革命遺産」登録は決定された。

韓国政府は戦時中、産業革命遺産の二三施設のうち七施設に朝鮮半島出身者約五万八〇〇〇人が送られ、働かされたと主張し、施設に関する説明で、強制動員＝徴用に言及することなどを求めていた（西日本新聞）。一方、日本は「一八五〇年代から一九一〇年までが遺産の対象年代で、時代が異なる」と反論し、朝鮮人強制労働の事実を認めようとはしなかった。世界遺産委員会の民間諮問機関である国際記念物遺跡協議会（ＩＣＯＭＯＳ）は、日本政府に「歴史の全貌を知らせよ」と勧告していた。

七月五日（日本時間）に始まった委員会審議は調整がつかず、六日の夜に延期されることになった。議長国ドイツのマリア・べーマー議長は、自国の世界遺産である「エッセンのツォルフェアアイン炭鉱業遺産群」（第二次世界大戦時の強制労働の展示をしているルール博物館がある）の例を挙げつつ、両国の調整にあたった。日韓の間で合意されなければ、委員会評決が不可避となった。評決の票読みでは小差での否決が濃厚であった。日本としては評決で敗北すること、混乱が長引き翌年以降に審議がずれることを回避するしかなかった。

世界遺産委員会採決の日程が迫った七月五日に日本、韓国ともに「forced to work」と表現することを了解し、一転、全会一致で登録を決議し、日本にとって、かろうじて世界遺産登録が決定された。日本側は韓国が主張した「強制労働」（英語：forced labor）の表現を避けつつ、「労働を強いられた」（英語：forced to work）人々がいたことを表明し、韓国側も審議の場での「強制労働」への言及を避けた上での合意であった。日本側が徴用について「意思に反して連れてこられ、働かされた」などと発言したのを韓国が評価し、登録反対の立場を翻し賛成に回ったので、決着した——ということになった。

英ガーディアン紙は「日本の施設が強制労働を認め世界遺産に」と報じ、多くの欧米メディアも「強制労働」という文言を用いて明治日本の産業革命遺産の登録を紹介、一部には「奴隷労働」と表現する報道もあった。

決定直後、佐藤地《くに》ユネスコ日本代表部大使が、「日本は、一九四〇年代に幾つかの施設で、その意思に反して連れてこられ、厳しい環境の下で働かされた多くの朝鮮半島出身者などがいたこと、第二次世界大戦中に日本政府としても徴用政策を実施していたことを理解できる措置を講じる」と発言し、情報センターの設立を計画していることも表明した。韓国側は「日本が全ての措置を履行することを期待する」と述べ、日本への支持を表明した。

ところが、日本国内に転じると菅内閣官房長官らが、「forced to work」は強制労働を意味しないと言い出した。日本政府は、朝鮮人の強制労働の事実を絶対に認めたくないという頑迷な政治姿勢を世界中にさらしたのである。

菅内閣官房長官や加藤康子氏は、戦時徴用労働は朝鮮人だけではなく、日本人にも行われた、徴用労働は許されると言う。だが、近代とは資本主義経済の社会のことである。国際法として厳守しなければならないのが、人間の奴隷労働の禁止である。奴隷労働を許しては資本主義社会の根幹である自由経済、自由競争は成り立たない。強制労働、労働の強制、「forced to work」、意志に反した労働、どのような表現であっても、近代社会では奴隷労働は絶対に禁止なのである。朝鮮人に限らない、日本人の戦時徴用に基づく労働も、労働者の自由意志と合意のない奴隷労働なのである。


加藤康子氏は、「関係省庁に抵抗があった理由は、世界遺産価値として提示している内容がナショナリズムを喚起する内容である（との批判があった）」と実情を明かした。

加藤氏は近代化産業遺産群のそれぞれになぜ歴史的な価値があるのかのストーリーを作るべきだと各自治体に指導してきた。そのストーリーがナショナリズム、帝国主義思想なのである。

「我が国（日本）の近代化は、非西洋地域で初めて、極めて短期間に、飛躍的な発展を遂げた。それには九州・山口の産業遺産施設群が歴史的役割を果たした。そこに世界的な価値があり、世界遺産にふさわしい」、「アジアの中で、日本が、朝鮮よりも、中国よりも、インドよりも先に、一番に西洋に近づいた。しかも西洋が一〇〇年から一五〇年かかった近代化を日本はたった五〇年ほどで成し遂げた」。

これはいわゆる司馬史観、歴史家の中塚明氏が名づけた「明治栄光論」という日本人の自分勝手な歴史解釈に過ぎない。帝国主義イデオロギーなのである。安倍内閣内部からさえも批判の声が上がる代物である。

因みに、こうした司馬史観、明治栄光論は、中塚明氏の指摘どおり、朝鮮東学農民戦争（「東学党の乱」・甲午農民戦争）から日清戦争までの歴史を完全に脱落させている。明治政府は清国との日清戦争に向けて徳川幕府の圧制も上回る農民からの税収奪で大軍拡と戦費調達を行った。戦争の講和会議で清国から二億両という法外な賠償金をポンド金貨で獲得するに際してもイギリス、フランス、ドイツの諸帝国主義による清国への圧力を背景にした。また、その賠償金をイングランド銀行に当座預金したことによって、日本は金本位制を確立し、資本主義国の仲間入りをしたのである。さらに賠償金の一部を八幡製鉄所建設などにも投じた。明治日本の近代化と産業革命は、朝鮮、中国人民の生き血をすすり、女工哀史を引き合いに出すまでもなく日本人民の血涙に染まった汚辱に満ちた歴史というべきなのである。

軍艦の姿を捨てた軍艦島——世界遺産は護岸の一部分だけ

加藤康子氏と内閣官房は明治産業革命期を一九一〇年までと区切り、一九一〇年以降に建造された諸施設を世界文化遺産対象外としたことが、軍艦島世界遺産化には収拾のつかない矛盾を引き起こした。端島に残っている一九一〇年までの建造物と言えば、島を取り囲む護岸の一部分とわずかに見える坑口だけなのである。いわゆる最古の鉄筋コンクリート三〇号アパートは一九一六年完成である。

狭い島に林立した鉄筋高層アパート群と鉄製の立坑櫓などの島姿形が軍艦に例えられた。その軍艦島の特異な外貌を構成した建物のことごとくは世界文化遺産ではないということになった。

二〇一五年五月の時点では「明治日本の産業革命遺産」登録の成否が韓日間外交問題として、また日本社会を白熱させていた。他方では、軍艦島を「明治日本の産業革命遺産」登録推進のシンボルにして、ポスターや幟にした軍艦島の写真を長崎県内の全自治体施設、駅、民間観光施設の各所に掲げ続けた。「明治日本の産業革命遺産」問題を報道するテレビニュースは冒頭で必ずと言っていいほど軍艦島の住居群の映像を流した。軍艦島案内のボランティアにも、軍艦島の魅力は、日本最古の鉄筋コンクリートアパート、世界一の人口密集住居施設だったという「軍艦島ストーリー」と世界文化遺産登録の栄誉を語らせていた。

だが、その時すでに長崎市世界遺産推進課は、産業遺産としての価値を構成するのは「生産施設」と「護岸」で、「居住施設」については世界遺産登録申請から除外されていることは熟知していたのである。内閣官房世界遺産推進室を頂点に、長崎市世界遺産推進課は「看板に偽りあり」の非難を受けてしかるべきなのである。

世界文化遺産ユネスコ登録を直前に控えた二〇一五年五月一八日の西日本新聞は次のように報じた。

――軍艦島アパート、保存困難　長崎市判断「補修技術がない」

国連教育科学文化機関（ユネスコ）の諮問機関による世界文化遺産の登録勧告を受けた「明治日本の産業革命遺産」の構成施設の一つ、長崎市の端島炭坑（軍艦島）をめぐり、市が国内最古の鉄筋コンクリート（RC）の高層アパート「三〇号棟」について、現在の技術では保存困難と判断していることが分かった。軍艦島の象徴として人気を集める建物は将来、姿を消す可能性が高い。

三〇号棟は、東京・表参道にあった近代的集合住宅の先駆け「同潤会青山アパート」よりも一〇年ほど早い一九一六（大正五）年に建築された。地上七階、地下一階建てで、下請け鉱員住宅として使われた。

市が日本建築学会などに委託した建物の劣化状況の調査で、三〇号棟は二〇一二年時点で耐用年数が五年を過ぎ、倒壊の危険性がある大破と診断された。ほかに一八号など四棟も大破、別の四棟は補修困難とされた。……

崩壊が進んでいるのはコンクリートアパートだけではない。台風や季節風による波風を受ける南西地区の一・五から二メートル幅の護岸も縦に長い亀裂が走り、また学校下の護岸は横穴が空き空洞が広がっている。根本的な保存措置の見通しも補修工事費の見積もりも立たず、軍艦島沈没の時は迫っている。

長崎県と長崎市は軍艦島が世界遺産に登録されれば、菅官房長官が一五〇億円以上の軍艦島保存工事費を国家負担にすると二〇一四年一月に表明したことに期待していた。しかし、軍艦島施設の保存措置が必要なのは、護岸の一部と旧立坑施設に限られることになった。すなわち建前上は日本政府が負担を約束したのはこの護岸などの限られた部分であって、長崎市や軍艦島を世界遺産にする会などが政府に期待した住居や学校施設などの保存措置は枠外となった。学校下の護岸修復工事は緊急を要するが予算の目処が立たず宙に浮いたままになっている。

崩れていく「軍艦島ストーリー」

観光客の上陸解禁七年後の二〇一六年四月一八日、軍艦島利用者数が一〇〇万人を越えた。軍艦島上陸には海運業五社が運航する軍艦島上陸クルーズ船に頼るしかない。クルーズ船には定員制限があり、観光客数の増減は天候と施設工事にも左右されるので、世界文化遺産化がどれほどの影響があったのかの数値化は難しいが、世界遺産決定で観光客が増加したことは明らかであった。だが、世界遺産化決定の喧噪から一年が経つと、予約満席状態が続いていた軍艦島クルーズ船も空席ありの日が次第に増え始めている。

軍艦島上陸後の三〇分弱の見学中は必ず案内ボランティアの説明を受けることになる。彼らは端島の良質な石炭が日本経済を支えた栄誉ある歴史、人口密度世界一だった端島の居住施設と離島ゆえの不便ながらも豊かだった日々の生活を過去への郷愁と羨望を交えて語る。とりわけ、見学コース最終ステージの三〇号アパート前では日本最古の鉄筋コンクリート建造物であったと貴重さを強調し、記念撮影を促すのである。「明治日本の産業革命遺産」のシンボルが軍艦島であり、その軍艦島のシンボルが三〇号アパートであった。

案内ボランティアにも、軍艦島の世界文化遺産登録決定は誇らしいことであった。しかし、肝腎の三〇号アパートなどは世界文化遺産ではない。そこで「明治産業革命遺産として認定されているのは護岸の石組みの部分であるが、これはあまかわ工法という特別な価値あるものである」との強引な意義づけを語ることになった。産業革命遺産を一九一〇年で区切ったために軍艦島の護岸表面を覆うコンクリートさえも除外するしかないのである。

ところで軍艦島での朝鮮人労働者、中国人労働者についての質問を投げかけると、案内の彼らの顔は曇り、「知らないことだ」と口を閉ざしてしまう。これは長崎市の世界遺産推進室が案内ボランティアに対する講習会で「観光客には暗い話は好まれない」と指導してきたからである。だが、案内人が実際に知らないのなら、長崎市は監督者として彼らの朝鮮人・中国人強制動員の歴史に関しての無知を放置すべきではない。

軍艦島がユネスコ世界文化遺産に搭載されたことによって、観光客への「正しい説明」の義務が生じた。先述の佐藤地ユネスコ日本代表部大使の「日本政府は朝鮮人強制動員について理解させる措置を講じる」との表明の実行は当然であるが、軍艦島のごく一部だけが文化遺産に過ぎないことも正しく説明することが求められるのである。

軍艦島へ世界中からも観光客が数多く訪れるようになると、長崎市世界遺産推進課といえども朝鮮人・中国人の強制動員の歴史を「暗い話」「知らない」では済ませなくなった。「戦時中に朝鮮人も徴用された事実があった」などと渋々認めながら、批判の矛先をかわすべく、「軍艦島の人々は仲良く暮らしていました」という点を強調するようにと、案内ボランティアや観光業者へ文書で指導した。このようなごまかしが「世界遺産・軍艦島」の自沈を招くことになるとの考えには及ばないのである。

軍艦島（端島炭坑）には開坑から一九七四年の閉山まで二度の興隆期があった。一度目は一九四一年前後の太平洋戦争突入時であった。二度目は一九六〇年代の一〇年間であった。一九六〇年代は高度経済成長の一方で全国の石炭産業は斜陽産業として合理化と閉山が相次ぐスクラップアンドビルド期にあたった。機械化された端島坑は優良炭坑として、閉山で失職した炭坑夫たちの再就職先となった。離島のくらしは不便であっても炭坑夫とその家族には黄金郷であった。

三菱財閥に飼われたブロイラーと揶揄されようとも向こう三軒両隣、同じ境遇の炭鉱労働者同士が「家族同様に仲良く暮らしました」というノスタルジーに日本人が浸るのは構わないことにしよう。だが、太平洋戦争中の一度目の軍艦島興隆期を、端島に閉じ込められながら、海底炭坑の苛酷な奴隷労働で支えた主人公は、紛れもなく、戦時動員された朝鮮人労働者たちであった。

長崎在日朝鮮人の人権を守る会事務局長　柴田利明

あとがき

端島・軍艦島が近代化産業遺産としてユネスコの世界遺産に登録されることを目ざす運動が始まって以来、私は戦時中の端島の歴史がどのように位置づけられるだろうかという点に強い関心を抱いてきた。一九八〇年代のはじめから、この無人島に幾度となく上陸し、その記憶が脳裏に焼き付いていたからである。それは長崎在日朝鮮人の人権を守る会の一員として朝鮮人被爆者の調査を行なう過程で、徐正雨さんに出会ったことを契機としている。一四歳で端島に強制連行された徐さんは、朝鮮人被爆者の初のドキュメンタリー記録映画「世界の人へ」（盛善吉監督）に登場して、三菱長崎造船所での被爆と合わせて苦難の体験を切々と語られ、全国各地から直接証言を求められるようになった。この映画には人権を守る会の岡正治代表も登場し、徐さんの証言活動には常に岡先生の協力があった。私も両氏とともに多くの人々を端島に案内し、また同島に関する貴重な資料が発見されるとともに、韓国人遺族から遺骨の返還を求められるなかで、「日本の縮図」ともいうべき端島の性格を深く認識するに至っていた。

端島の上陸解禁に伴い、案内を求められる機会がさらに多くなったが、上陸船に同乗してみると、戦時中の朝鮮人・中国人の苦難についても語る案内人はきわめて稀で、もしも岡先生がご健在であればこの状態にどう対処されるであろうかという思いに駆られた。黙ってはおられないであろう、黙っていては叱られると思った。端島に関する岡先生の論述は多数にのぼる。それを一冊にまとめて出版するだけでも、隠された歴史に目を注ぐための一助となり、先生の意向に沿うのではないかと考え出版を決意した。そこへＫＢＳ韓国放送の現地取材と放映も重なり、韓国在住の生存者を訪ねて、貴重な証言を得ることもできた。

とはいえ、出版業界は厳しい状況にあり、当然ながら困難が予想された。本書を出版できたのは、ひとえに社会評論社松田健二社長のご厚意によるものであり、心から感謝の意を表したい。

端島・軍艦島で強制労働を強いられたすべての朝鮮人・中国人に本書を捧げる。

長崎在日朝鮮人の人権を守る会代表　髙實康稔

著者紹介

岡正治《おかまさはる》

1918年生まれ。1994年没。江田島海軍兵学校から広島原爆キノコ雲を目撃、反戦決起。長崎福音ルーテル教会牧師（1958～89）。長崎在日朝鮮人の人権を守る会代表（1965～94）。長崎市議会議員（1971～83）。忠魂碑公金助成違憲訴訟を提起（1982～94）。『原爆と朝鮮人』第1～6集編集発行（人権を守る会、1982～94）。端島炭鉱の「華人労務者調査報告書」を論じた『さびついた歯車を回そう』の編集発行（人権を守る会、1994）。

著書:『道ひとすじに』（刊行委員会、1975）。『大村収容所と朝鮮人被爆者』（刊行委員会、1981）。『朝鮮人被爆者――ナガサキからの証言』（社会評論社、1989）ほか。

髙實康稔《たかざねやすのり》

1939年生まれ。『原爆と朝鮮人』第1～6集の編集発行に参画。岡まさはる記念長崎平和資料館理事長。長崎在日朝鮮人の人権を守る会代表。長崎大学名誉教授。

柴田《しばた》利明《としあき》

1951年生まれ。『原爆と朝鮮人』第5～6集の編集発行に参画。『さびついた歯車を回そう』の編集発行に参画。長崎在日朝鮮人の人権を守る会事務局長。

写真撮影

柴田利明

表紙，口絵ｉ（本扉），ⅱ上，ⅲ，ⅳ上下，ｖ-ⅷ，10, 12, 25, 29, 36, 43, 49, 61, 63, 85, 101, 103, 114, 140, 204

全恩玉《チョンウノク》

口絵ⅱ下，ⅳ中，41, 46, 51, 55, 67, 268

［増補改訂版］軍艦島に耳を澄ませば
端島に強制連行された朝鮮人・中国人の記録

2016年8月9日　初版第1刷発行

著　者＊長崎在日朝鮮人の人権を守る会
発行人＊松田健二
発行所＊株式会社社会評論社
東京都文京区本郷2-3-10
tel.03-3814-3861/fax.03-3818-2808
http://www.shahyo.com/
印刷・製本＊倉敷印刷株式会社

Printed in Japan